iRest®
Yoga Nidra

深いリラクゼーションと癒しのための瞑想の実践

A Meditative Practice for Deep Relaxation and Healing

真実を明らかにするには、一言で十分である。
——シェン・フイ

ローラ・カミングズとジャン・クラインに感謝を込めて

contents

本文中の数字のルビは原注、［　］は訳注を表す。

序章

オープン・シークレット（公然の秘密）

五感の快楽に溺れていくと、更なる快楽を求め続けていくことになります。そこから執着が生まれるのです。執着は激しい欲望へとつながり、欲望が更に深まると、怒りとなって燃え上がります。欲望や怒りは私たちの判断を曇らせ、混乱させます。過去の過ちに学ぶことや、賢い選択と浅はかな選択の見極めができない状態に陥らせます。本来の自分の全体性を忘れ、悲しみ、苦しみと同一化している自分を自分だと思い込んでしまいます。これが真我との分離です。

しかし、私たちが五感に頼った世界で生きていくだけではなく、感覚との調和を保ちながら、誘惑や嫌悪に執着せず、自らの真髄《Essential Nature》からもたらされる賢明さに根を下ろすことで、真の静寂そのものとなり、苦しみや悲しみは全て終わります。[1]

私がヨガ・ニドラに初めて出会ったのは、一九七〇年に生まれて初めて参加したヨガクラスでのことです。

初回のレッスンでは、優雅なアーサナを順番にゆっくりと行い、自分の身体のあらゆる箇所の感覚を研ぎ澄ましていきました。そしてレッスンの最後に、インストラクターの誘導でシャヴァーサナ、それは床の上に横になり、全く動くことなく深いリラックス状態になる伝統的なヨガのポーズなのですが、それを行ったのです。

インストラクターは、全身の感覚に注意を研ぎ澄ましていくよう、私たちを上手にガイドしてくれました。そのガイドに従い「暖かい」に対して「涼しい」、「動揺」に対して「冷静」、「恐れ」に対して「静寂」、「悲しみ」に対して「喜び」、そして「分離」に対して「一体であること」など、対極の感覚を体感していったのです。

そして、自分が体験していることに執着することも、拒否することもなく、対極の感覚を体感することができるようになるまで、その両方によって喚起される感覚に意識を巡らせていきました。


その日の夕方、私は完全にリラックスして、今ここにある清々しさを感じながら帰宅しました。何年も味わうことのなかった、全ての葛藤から解放された、晴れやかな喜びと全宇宙との調和を感じていました。あるがままで完璧な人生、広大で、どのような場にも限定されない存在である自分自身、いつもは自分が世界の中にいるのが、その時は単なる空想ではなく、世界が自分の中にあると体感していました。それは子供の頃に経験した感覚と似ていました。

この経験はその後も余韻を残し、この「我在り《Presence》」という感覚に留まっていたい、覚醒していたいという思いを強く抱くようになりました。そしてヨガの技術、中でも後にヨガ・ニドラとして私が知ることになるシャヴァーサナの過程を深く理解したい、という強い願いが私の中に生まれ、そうした熱い思いに導かれて、世界で最も名高い幾人かの師のもとで学びました。その後、私はヨガを教えるようになり、何年もの練習と、数えきれないほどのグループクラスやプライベートレッスン、ワークショップ、瞑想リトリートなどを通して、何千人もの生徒を指導してきた経験から、ヨガ・ニドラのエキスパートになりました。

私はあの最初のヨガのクラスの最中に、どんな環境や状況にあっても変わらない本当の安らぎ、揺らぐことのない静寂を得たいと思っている人であれば、誰でも知ることができる秘密に気づくことができました。私がその秘密に気づくことができたのですから、あなたにも気づけるはずです。

内面の安らぎをもたらす鍵となるのは、難解で手の届きにくい秘密ではありません。ぼんやりと捉えどころがないように思えるのですが、実はすぐそこにある、手を伸ばせば簡単に手に入る、それはすなわち「オープン・シークレット（公然の秘密）」なのです。

ウェイ・ウー・ウェイ（Wei Wu Wei）が次の物語で語っています。

老師たちは軽い冗談の掛け合いを楽しんでいました。

ある師が「ブッダには秘密があったが、弟子のマハーカッサパがそれを明らかにした」と言います。

ご存知かもしれませんが、マハーカッサパは、現在の主たる禅宗で示されている最上乗禅を究めた菩薩です。ブッダが、花を一輪掲げて何も語らなかったという有名な説法を理解した、その人です。

するとある師は「実際あらゆる神秘や奇跡はそれを理解しない限り、それは秘密のままなのではないか。そしてそれらがどのように起こるのかがわからない限りは、神秘や奇跡のように見えるのではないか」と言います。

するとまた別の師が「マハーカッサパのように、一旦理解してしまえば、それは秘密ではなくなる。したがって秘密とは大方の人が理解しないことであり、マハーカッサパに秘密を保てなかったことがブッダの本当の秘密だったのだ」と付け加えます。

このように、秘密にされていない秘密が「オープン・シークレット（公然の秘密）」なのです。[2]

ほとんどの人は、押し寄せる日常生活により簡単にかき乱されてしまう、儚い安らぎのようなものを経験したことがあるでしょう。しかし私はヨガ・ニドラを熱心に練習し続けることで、どんな環境や状況にあっても揺らぐことのない、安定した気持ちを発見しました。もしそれが環境や状況によって揺らいでしまうのなら、それは真の安らぎではありません。私がそれを本当の安らぎであると確信を持っているのは、何年もかけて仕事やビジネスの現場、家庭生活など、自分の日常生活を通してテストをしてきたからです。内面の安らぎが本当の意味で試されるのは、瞑想部屋の中ではなく、私たちの日常生活や人間関係においてであることは、ご存知の通りです。

ヨガ・ニドラは、物理的な痛み、人間関係の葛藤、社会的な出来事などが最も厳しく大変な時であっても、「我在り」、「ありのまま《Being》」、および「静寂」がもたらす揺るぎない安らぎが真実であることを、私に明らかにしてくれました。

私はそれを見つけ出し、試してきました。だからこそ、今、皆さんとそれを分かち合うことを心から願っています。

ヨガ・ニドラの起源

ヨガ・ニドラの起源は、ヨガとタントラ（サンスクリットの「tan-／タン」＝「あまねく引き伸ばす」）という古代東洋の教え、それは元々統合されている真髄を、別々の対象に分けようとする私たちのマインドの傾向を克服し、私たちの理解を広げるために創られた様々な手法、にまで遡ることができます。

ヨガもタントラも、哲学的な知識偏重主義や、受け売りの情報には興味はありません。これらの教えは、私たちは本当は何者なのか、心理的、文化的、哲学的な条件から解放された本当の真実はどこに存在しているのかを、直接自分で体験し、身をもって知ることを大切にしています。[3]

過去半世紀を通して、様々なヨガ修行者が、ヨガ・ニドラの練習法を復興させてきましたが、中でもスワミ・シヴァーナンダとその弟子たち、例えばビーハー・スクール・オブ・ヨガのスワミ・サッティヤーナンダ・サラスヴァティー、インテグラル・ヨガのスワミ・サッチダーナンダ、シヴァーナンダ・ヨガ・ヴェーダンタ・センターのスワミ・ヴィシュヌデーヴァーナンダや、ヒマラヤン・インスティテュートのスワミ・ラーマとその直弟子にあたるスワミ・ラーマ・サーダカ・グラーマのスワミ・ヴェーダ・バーラティ、ラーダースワミ・スクール・オブ・スラト・シャブダ・ヨガの創始者シュリ・ブラフマーナンダ・サラスワミ（ラーマムルティ・S・ミシュラ）などの教えが大きな役割を果たしてきました。[4]

私がヨガ・ニドラという言葉に出会ったのは、スワミ・サッティヤーナンダ・サラスヴァティーの数多くの書籍を通して、特に『ヨガ・ニドラ』に書かれた教えを通してです。そしてたくさんの高名なスピリチュアルな先生のもとで、何年もかけて学ぶ機会にも恵まれました。そして彼らの直接的または間接的な支えを得て、更に心理学と精神性の研究を通して、この精巧な瞑想的探求の技法を洗練させることができました。[5]

ヨガ・ニドラを通して、私は、自己のアイデンティティを確固たるものと考え、周囲の世界は自分とは別の分離した対象物だと考えている私たちの信念の本性を、どう注意深く体系的に掘り下げるかを教えてくれる、素晴らしいプロセスを見つけることができました。

例えば、私たちは形（個体）のある存在であり、私たちとは分離した外の世界が存在していると信じています。しかし、これらの信念が実際本当のことなのかについては、深く掘り下げたことがないのではないでしょうか。

ヨガ・ニドラの最中、私たちは実体験の精査を通して、私たちは本当は誰なのか、世界は本当は何なのか、の本質を理解することができます。

ヨガ・ニドラは、現実を誤って認識する私たちの習慣の原因を、精査し取り除く手助けをしてくれます。ヨガ・ニドラは、目的と意味を持った偽りのない人生を生きる上で、障害となっているものを消し去り、またそれを望む人には、自分の真髄を悟った人生を生きるための覚醒をもたらしてくれます。

アイレスト・ヨガ・ニドラ

アイレストとは、Integrative Restoration（統合的回復）の略で、長年にわたる私自身の練習や何千という方々との経験を基に、古代のヨガ・ニドラ訓練法を現代的にアレンジしたものです。アイレストは、ヨガ・ニドラの中核の原理を包含しています。アイレストを実践することで、ヨガ・ニドラは、人々が健康と癒しを得て、人間が達し得る最高の境地へ到達するのを可能にする強力な訓練法となるのです。

アイレストは統合作用に優れています。身体とマインドのストレス・不安・不眠・苦痛・トラウマなど、心理的・身体的な問題を解決してくれるでしょう。自分が健全に機能し、統合された健康な人間である、と感じさせてくれます。

またアイレストには、喜び・安らぎ・健やかさ《Well-being》など、私たちに生まれつき備わっていて、なくなることのない「インナーリソース（内なる平和）」に気づかせてくれる、回復と癒しの作用があります。私たちはいかなる状況にあっても、自分自身と、他の人たちと、そして世界とつながっていることを感じられるようになります。

このようにアイレストの練習を通じ、統合し回復することで、どこにいようとも、誰といようとも、何をしていようとも、どんな経験をしていようとも、マインドの安らぎと健やかさを体感していられるようになります。

この本と付属の瞑想のための音声の使い方

この本と付属の瞑想のための音声では、アイレスト・ヨガ・ニドラの基本的なステップ、それぞれのステップが導くもの、その過程で得られるいくつかの効果、そしてアイレストが明らかにする究極の発見を紹介しています（付属の瞑想のための音声のダウンロードの方法は巻末をご覧ください）。

少なくとも、アイレストはあなたに深いリラックス状態、慢性的ストレスの緩和、安らかな眠り、暮らしの中の様々な難問の解消、そして日常生活と人間関係におけるより大きな調和を体感させてくれることでしょう。

究極の啓示が明らかになると、アイレストはあなたの真髄、それは言葉では説明できない、生まれつき持っている安らぎを、直接示します。この安らぎは口先だけの約束や選ばれた少数の人だけのものではなく、常にここに存在し、あなたもすぐに触れることができるものです。

私は自信を持って、この素晴らしい練習法をあなたに紹介します。アイレスト・ヨガ・ニドラは、長い時の試練に耐え、私に約束通りのものを与えてくれました。そしてあなたにとってもそうであることを確信しています。

あなたが人生の中で、なぜ今この時にアイレスト・ヨガ・ニドラと出会うことになったのか、それには確かな理由があります。私にとってそうであるように、アイレストがあなたにとっても良き人生の伴侶となることを願ってやみません。アイレストはどんな時でも頼りになるあなたの味方です。

付属の瞑想のための音声を聴く前に、この本を最初から最後まで読むことをお勧めします。アイレストの基礎をなす考え方を理解し慣れておくことで、実際に練習のセッションを聴く時、身体とマインドをリラックスさせることができるからです。

しかし、もし事前に本を読んでから練習することをあなたが好まないのであれば、どうぞ先に練習を行ってください。直接の体験こそ最も優れた教師です。しかし音声を聴いた後で、どうぞこの本に戻って理解を深めるようにしてください。そうすることで、各練習のセッションから最大限の効果を得ることができるでしょう。

また、練習を先に行う場合でも、この序章の「環境を整える」という部分は読んでください。そうすることで、初めてアイレストを体験する時から最大の効果を得られることでしょう。

この本の内容

第一章ではアイレスト・ヨガ・ニドラの考え方を紹介しています。

アイレストを体験する前に、アイレストの説明を読むということは、砂糖の甘さを味わう前に、砂糖の甘さについての解説を読む感じと似ています。実際の砂糖の甘さは言葉では表せません。とはいえ、あらかじめ解説を読んで理解をしておくと、マインドがリラックスし、より深くアイレストを体験することができるでしょう。そして、「アイレストは哲学ではない」ということをどうか忘れないでください。あなたと世界の中に息づく真実を発見するために行う一連の体験です。その体験の最終証明は、あなたがそれを自分で味わう中で実感することでしょう。

第二章ではアイレストの各ステップの概要を説明しています。

付属の瞑想のための音声は、実際に行う練習のセッションごとに分かれていて、その時あなたが必要とするものを、これらのステップの中から、一つあるいは複数を選んで行えるように構成されています。

第三章では、アイレストについて振り返ります。

この本の巻末には、アイレストのワークシートが付いています。このワークシートは、あなたのアイレストの練習を更に洗練させるのに役立つでしょう。付属の瞑想のための音声を何回か聴いたら、巻末のアイレスト・ヨガ・ニドラのワークシートをコピーして、あなた固有の感情、信念、イメージなどを記入しましょう。そうすることで、アイレストの特定のミニセッションを、あなたにとって最適な練習のセッションにカスタマイズすることができます。

アイレスト・ヨガ・ニドラは、決して機械的に行わないようにしてください。生き生きとした、あなたにとって意味のある練習をしましょう。そのうち性別、年齢、文化的背景、ライフステージに応じて、あなたに必要なもので練習を調整することができるようになります。常に「自分の練習を自分用にカスタマイズして行うように」心がけてください。

更なる学習のために、巻末にあなたのアイレストの練習を継続してサポートしてくれるリファレンス（参考資料）も紹介しています。わざわざ自分で一から手探りでやり直す必要はありませんよね？　先人たちの残してくれたものを活用しましょう。共に旅をする中で、共有できることがたくさんあることでしょう。

付属の瞑想のための音声

瞑想のための音声は1から5のミニセッションで構成されています。ミニセッションはそれぞれアイレストの個別のステップに対応しています。ミニセッションを一つだけ選んで聴いても良いですし、アイレストのフルセッションの練習として、全てを流して聴いても構いません。練習に慣れてくると、今ある課題に取り組むために、一つか二つのミニセッションだけを練習したいと思うことがあるかもしれません。またある時は、全体を通して流れを楽しむこともあるかもしれません。

アイレスト・ヨガ・ニドラの練習は、数秒で終わることもあれば、数分かかることもあり、場合によっては一時間かそれ以上かけて行う深い練習になることもあります。

ガンジーは、講演の仕事の合間に電車の中でヨガ・ニドラを行っていました。スワミ・ヴェーダ・バーラティは、新しい言語を一晩で身につけるためにヨガ・ニドラを活用しました。私は生徒やクライアントとともに、手術に備えるためや、困難や人間関係における問題を解決したりするために用いてきました。飛行機に乗る恐怖を打ち消したり、過去のトラウマを解消したり、安らかな眠りを得たりするためにも使われています。そして人生の神秘を探り、「我在り」という、定義を超えた自分の真髄に目覚めるためにアイレストを行う人もいます。

瞑想のための音声6は、あなたが繰り返し聴いて練習できるよう、アイレストの全てのステップをまとめたものです。瞑想のための音声の1から6は、どれも複数のステップを含んでいます。この瞑想のための音声は、何年にもわたって、何度も繰り返し聴き返せるように設計されており、練習を重ねるごとに、より深い理解と効果が得られるようになっています。多くの生徒が、同じセッションを数えきれないほど繰り返し聴いた後で、「あれは初めて聴きました！」と言うのを、私は何度も聞いてきました。

環境を整える

瞑想のための音声を使った最初の練習に入る前に、以下のガイドラインをぜひ読んでください。あなたのアイレスト・ヨガ・ニドラの体験を、より素晴らしいものとしてくれることでしょう。

∵ **静かな場所で行いましょう。**

アイレストは、休暇を過ごす時のような、外界の邪魔が入らない部屋で練習することが大切です。その部屋はリトリートのような、自分だけの聖域だと考えましょう。

∵ **電話を切っておきましょう。**

パートナーや子供にも、邪魔をして欲しくないことをあらかじめ伝えておきましょう。アイレストの練習のための空間を保つために、周りの人たちが協力してくれた時、周囲の人たちも、アイレストの練習があなたの人生にもたらす素晴らしい効果を目の当たりにすることでしょう。そうすると、彼らもアイレストのための時間が欲しくなるかもしれません。

∵ **リラックスできる服を着ましょう。**

練習をしている最中、身体が締め付けられて血液の循環が妨げられるなどの不快感がないものが最適です。

∵やわらかいラグやマットなど、快適に過ごせるものの上に横になりましょう。

ベッドは潜在意識が睡眠と関連付けてしまっているので、できれば使わないほうが良いでしょう。アイレスト・ヨガ・ニドラでは、眠っているような感覚を覚えると思いますが、意識ははっきりさせたまま練習するようにしましょう。可能であれば、寝室とは別の部屋で練習するのが良いと思います。

アイレストは、座り心地の良い椅子に座った状態、あるいは、床で足を組んで座った状態でも行うことができます。座位で行うのであれば、背骨を伸ばし、腰に自然な反りを保った姿勢で行いましょう。

膝が骨盤より高くなると、背中が丸くなり腰を痛めてしまうこともありますので、膝は骨盤よりも低くなるような姿勢で座りましょう。そうすると背中が床と垂直になり、心地良く過ごせます。

横になっていても座っていても、顎は少し引き気味にし、額も少し下を向くようにしましょう。目を開けたまま練習するのであれば、視線は真っ直ぐ前を見るのではなく、下を見るようにしましょう。顎、額、目が上向きになると、思考に引き込まれてしまいます。下向きの時は、顎、額、目がゆるんで思考が遠ざかっていきます。アイレストの最中、目の力を抜き、頭で考えるのではなく、マインドを通して見つめるようにしましょう。

∵ **アイピローかやわらかいタオルを目の上に載せておきましょう。**

光を遮ることで脳が落ち着きます。

∵ **横になっているのであれば、巻いた状態のタオルかブランケット、もしくはボルスターを膝の後ろに入れておきましょう。**

膝を曲げることで腰がゆるみ、身体を完全に床に預けることができます。

最終的には、どのような部屋でも、床やソファーやどのようなものの上に身体があっても、どのような状況下でも、何を着ていても、アイレストを行うことができるような、精神的自由を目指して欲しいと思います。アイレストの正しい理解が身につけば、練習の邪魔になるものは何もなくなるはずです。

不快感、感情、記憶。

「ありのまま」の自然な状態を迎え入れましょう

不快感がやって来る

不快感に邪魔される必要はありません。

あなたの身体はゲストハウスのようなもので、アイレスト・ヨガ・ニドラは、想像できる限りのあらゆるゲストを、どうしたら「お茶と会話」に招き入れることができるかを教えてくれます。

不快感を覚えても、すぐに不快感を取り除かないようにしましょう。まずはその不快感をメッセンジャーとして受け入れ、迎え入れます。そして、どのようなメッセージを伝えようとしているのか問いかけます。不快感は、ただあなたの耳元で何かをささやき、去っていきたいだけなのかもしれません。またある時は、あなたの身体を調整して欲しいと伝えに来たのかもしれません。

体験することを避けようとする、自分の反応の傾向を観察しましょう。アイレストは、人生がもたらすもの全てを出迎え、歓待し、迎え入れる「迎え入れ方」を学ぶ方法です。それができて初めて、生まれながらの明晰さ、正しい行為、マインドの安らぎを見つけることができるのです。

感情や記憶もやって来る

アイレストの最中、時々あなたの奥深くに眠っていた感情や記憶も出てきて、「お茶と会話」のためのゲストハウスに迎え入れるようなことがあるかもしれません。

あなたは、人生があなたのお茶のテーブルに持ってくるどのような状況に対しても、どうしたら良いかを正確に知る叡智を持っています。あなたが「今」、「この瞬間」とともにあることを厭わなければ、あなたに本来備わっている叡智は、常にあなたの側にいて、いつでも正しい行為を知らせ、行えるよう助けてくれます。

恐れは常に未来に対して、反応は常に過去に対して現れます。正しい行為は「今」に存在しています。アイレストは、あなたがどのような状況にあっても、適切に反応できる叡智と生まれ持った能力につながれるようにし、どのように「今」を生きるかをあなたに明らかにし、教えてくれる練習法なのです。

ありのままにオープンになる

アイレストは、あなたの身体とマインド、そして世界全体が、あなたの中、あなたの意識の内にあることを教えてくれます。

練習の最中、自分の身体の枠を超え広がっていく体験をするかもしれません。それは、いわゆる体外離脱をしているような感覚かもしれません。でもたとえどこまでも遠く広がったとしても、その体験を目撃しているあなたは「ここ」にいるのではないでしょうか。

アイレストは、この目撃者、あなたが自分自身だと思っているこの「私」が何者なのか、問う手助けをしてくれます。

真髄、純粋な「ありのまま」の存在に気づくと、あなたの「本当の身体」は偏在していて、無限に拡張しているという真理をあなたは取り戻し、あなたの本来の身体を実感することでしょう。世界全体があなたの身体だということに気づくことでしょう。そして体外離脱などという経験はないことがわかるでしょう。なぜならあなたではない場所などどこにもないのですから。

あなたは常に「ここ」、すなわち「あらゆる場所」にいるのです。人生はパラドックスに満ちたミステリーです。そしてアイレストは、あなたの人生とこの世界というミステリーを解く鍵をあなたに手渡してくれるのです。

リファレンス（参考資料）について

あなたは独りぼっちではありません。サポートが必要な時や更に学びたい時は、巻末のリファレンス（参考資料）を参照し、本や記事、音源、訪ねるべき人や場所に当たってみてください。

人生のどんな曲がり角に直面しても、それらのリファレンス（参考資料）はアイレスト・ヨガ・ニドラと一緒にあなたをサポートしてくれるでしょう。

準備ができたとあなたが感じたら、アイレストを最大限に学べるワークショップやリトリートに参加してみましょう。あなたと同じように、自己理解や悟りを得た人生に興味を持つ仲間たちのコミュニティーで練習を行うことができます。いついかなる時も、世界中の何千という人たちが、あなたと一緒に練習していることをどうぞ忘れないでください。アイレストの練習をしている時は、常に良き仲間とともにあるのです。

＊＊＊

ヨガ・ニドラは、古代の叡智で、あなたの日常生活の一瞬一瞬に深いリラクゼーションを浸透させる方法を教えてくれる、長年培われてきた学びのプロセスです。アイレストの練習は、あなたの身体とマインドに大きな変化をもたらすだけでなく、あらゆる人間関係も変化させます。アイレストは、あなたの身体の健康を変化させるだけでなく、個人的、対人的、そして仕事上の人間関係を変える、基盤の資源なのです。

アイレスト・ヨガ・ニドラは催眠療法ではなく、最も深く深遠で、自然な瞑想法であることを理解してください。最も深く、最も親密で、ゆったりとした、直感的で自発的な叡智に、何度でもつながることができるようになります。しかも簡単に学べ、練習もしやすく、一生使い続けることができるツールなのです。

第一章

素晴らしきヨガ・ニドラの世界

あなたは、朝早く夢から覚めるところです。生理的欲求によって目覚めながらも、たやすく夢の世界へ引き戻されそうです。あなたはこの曖昧かつ穏やかで、とても心地良い場所にずっといたいと思っています。そしてそこに留まり、目覚めと眠りの狭間にある快適な安定した気持ちに身を任せています。そうしていると、どんな問題もはるか遠くに感じられます。すると、不意に予期せぬ閃きがやって来ます。突然、何もかもが明快になったのではありませんか？

昨日の夜、あなたは眠りにつく時は難問を抱えていましたが、今はどうしたら良いのか、何をすれば良いのかがわかります。このようなことが前にもありませんでしたか？　どういうわけか不思議なことに、このおぼろげな状態に浸っていると、自然と洞察が生まれ、求めることなく答えがやって来て、問題が解決されてしまうのです。

なんて素晴らしい！　なんてすごい！　なんて愉快なことでしょう！

魅惑のヨガ・ニドラの世界へようこそ。

どうしてヨガ・ニドラなのか

ヨガ・ニドラは、古くからある神聖なヨガの瞑想法です。そしてこれを行う理由は枚挙にいとまがありません。例えば、心身を深くリラックスさせる、ストレスを解消する、不眠を改善する、個人的な問題や対人関係の問題を解決する、トラウマを乗り越える、不安・恐れ・怒り・抑うつ状態を中和して解消するなどです。

ヨガ・ニドラは、瞑想体験を深め、瞑想を一生の習慣にするとともに、「私とは何者なのか」、「なぜ私は私なのか」、「人生とは一体何なのか」、「悟りとは何か」といった人生の謎を解き、その答えを得るための瞑想的思索を促します。

アイレスト・ヨガ・ニドラの最中、あなたは深くゆったりとした受容的な状態でありながらも、その過程の間、完全に意識があり冴えわたっています。

アイレストは、あなたの叡智と明晰さを意識の表層に上らせ、意識のより高次な智慧の源を明らかにし、つながることができるようにします。あなたの叡智は、あなたが日常生活で直面する様々な課題、問題、疑問や困難に対処するために必要な、正しい解決策、閃き、解答を知っています。

アイレストの最中に、身体的、心理的、対人的な変化が起こることは珍しいことではありません。なぜなら内なる叡智に触れると、分別知（見極める智慧）に火が灯り、習慣となっているネガティブなパターンが燃やし尽くされるからです。分別知は、非常に手ごわく破壊的であり、身体的、心理的習慣のパターンでさえ簡単に焼き切ってしまうほど、大きな力を持っています。

アイレストの最中、デイヴィッドは両親が喧嘩をし、怒りで荒々しく大声をあげている様子を思い出して、身体が硬くなり、恐怖で心臓がドキドキするのを感じています。その時の彼は自分の部屋で枕の下に頭をうずめ、両親が互いを殺し合うのではないかと恐れおののいています。孤独と不安な気持ちでいっぱいです。

アイレストは、デイヴィッドを対極の記憶へといざないます。それは気持ちが穏やかで落ち着いている時の記憶で、デイヴィッドは、自分の部屋で清潔な白いシーツの間にすっぽりと収まった幼い自分を思い出します。両親はベッドの左右にそれぞれ跪き、ベッドの上で互いの手を取り、デイヴィッドのために、彼らが特別に作った祈りの言葉を唱えています。デイヴィッドは、二人が唱える祈りの言葉を一語ずつ聞き取り、とても安心で、安全で、愛されている気持ちになります。

大人になったデイヴィッドは、世界は安心できない場所だ、という信念に囚われています。でも今は、こうした対極の体験を何度も繰り返し、注意を向けるようにした結果、自分は愛されていて、安全な場所にいて、たとえ大喧嘩の最中でも、両親は互いに愛し合っているのだということに気づきます。この洞察が、彼の歪んだ真実の捉え方を変容させます。そしてアイレスト・ヨガ・ニドラは、デイヴィッドに自分の思い出を手放し、愛情《Love》、完全性《Wholeness》、安心《Safety》といった感覚に浸るよう促します。アイレストはデイヴィッドを再び、本来の「ありのまま《Being》」の感覚に導きます。幼い頃のトラウマによって、愛情、完全性、安心という「ありのまま」の三つの自然な表現が歪められてしまっているのです。

デイヴィッドは、絶対にあり得ないと信じていた、内面の静寂を感覚として体感しながらヨガ・ニドラから目覚めます。愛情、完全性、安心が、怒りや恐れと両立することを体験しています。真髄《Essential Nature》、「ありのまま」は、あらゆる経験を迎え入れる、愛そのものなのです。

夢から覚める

ヨガは、「結合《Union》」と訳されることが多いのですが、それでは不十分です。

ヨガは、私たちの根底にある真髄とともに、偽りのない自発性が生まれてくる源である純粋な「ありのまま」の存在へ覚醒する行為を意味します[6]。

一方、ニドラはサンスクリット語で「眠り」を意味しますが、それは真髄に気づいていない状態のことをいいます。誤った認識や、反射的な反応からくる思考や行為によって、振り回されている状態か、同一化してしまっている状態を意味します。

ヨガ・ニドラとは、「覚醒」と「眠り」というパラドックスであり、言葉遊びでもあります。ヨガ・ニドラは「ヨギーの眠り」という意味で、一般の人は、全ての意識状態――「起きている状態」、「夢を見ながら眠っている状態」、「夢も見ない深い眠り（熟睡）状態」――において自らの真髄は眠っていますが、ヨギーといわれる人は、全ての意識状態において、眠っている時でさえも、自らの真髄に気づいていて、自らの真髄に覚醒しています。

私たちは眠っている時、夢の自分や夢の世界が現実だと信じています。眠りから覚めた時、目覚めた状態が夢の世界に取って代わり、夢の自分と夢の世界は実際には中身のない空虚なものであったと思います。それらはマインドが投影させ、作り出したものに過ぎないと思っているのです。

通常、起きている時の意識は、世界は形ある、それぞれ分離した物質でできている、と知覚しています。起きている時に考えていることや、身の回りの物体が現実だと信じています。しかし実際は、起きている時の思考や物体こそ、自分のマインドが投影させて作り出したものであり、夢の自分や夢の中の世界と同じように中身のない空虚なもの、なのではないでしょうか?

ヨガ・ニドラは、この事実の信ぴょう性を、自分で探求し発見するプロセスです。

通常、このような思い込みを疑う理由はありません。でも疑ってみるべきです。アイレストは、全ての夢と目が覚めている時に起こる現象――思考、感情、感覚、イメージ、そして私たちの周りの世界――は常に変化し、現れては過ぎ去っていくものだということを明らかにします。私たちの身体、マインド、世界に関連するあらゆる事象は、常に変化し続け、あるものから別のものへと姿を変え続け、思考、感情、感覚、イメージも絶え間なく渦巻くように変化していきます。

平穏無事な人生に執着すると、満たされることはありません。苦しみます。なぜなら人生は常に変化しているからです。

私たちは不安定な大海原の中で、何か摑まることのできる安定したもの、確固たるものを常に探しています。

アイレスト・ヨガ・ニドラは、私たち一人一人の内面をなすものは、安定した確固たる深い静寂と安らぎであることを明らかにします。そしてこの事実に気づくと、人生の混乱の最中にあっても、心の深い落ち着き、安らぎは常にそこにあることがわかります。これこそアイレスト・ヨガ・ニドラが基盤の真髄と呼ぶもので、それは最も深いところにある「我という感覚《I-ness》」です。そしてそれは、微塵も疑う余地のない、常に存在する深い安らぎです。

アイレストはあなたに、全ては変化し続けるという事実を認識し、「私」の根本的本質を探求する方法を教えてくれます。人生の変化し続ける多種多様な現象を観察している「私」が誰であり、何であり、どこにあるのかを探求する時、自分自身であると思っているこの「私」もまた実体はなく、しかし逆説的に「私」は、他の全てとは異なり変化しないことに気づきます。
アイレストは、「真我《True Self》」、あるいは真の「我という感覚」が、永遠で限定しない広大な「ありのまま」の存在であり、そこでは、目覚めている状態と夢を見ている状態の両方が存在し、多種多様な現象が、生まれ、展開し、消えていくということに気づかせてくれます。アイレストによってあなたは純粋な「ありのまま」の存在として、「真我」を探し、発見するのです。

私は床の上に横になってアイレスト・ヨガ・ニドラを行っていて、身体が硬くなる感覚、悲しみ、孤独を感じています。私は優しく問いかけます。
「こういう気持ちを感じているこの『私』は誰？　ここには、これらの気持ちと、それを感じている『私』と、二人存在しているのでは？」

その時突然、物の見方が内側から変わったのです。ほんの今しがたまで、それらの感覚の「中」に私はいたのですが、今はそれらの感覚が「私の中」にあるのです。私は、これらの感覚が生まれてくる、広大な意識《Awareness》としての私自身を体感したのです。悲しみと広大な意識の両方を感じながら、ここで横になり、私はその意識は生まれてからずっとそこにあり、様々な感覚は、その中に現れたり消えたりしていたことに気づきました。前景と背景が急激に入れ替わり、「私」は「意識の状態」であることに気がついたのです。「意識の状態」としての「私」は、硬くなってもいないし、悲しくもありません。「私」は、この身体や、移りゆくこれらの感覚に制限されません。「私」は広大な存在であり、この身体はその中で息づいているのです。

突然、これまで見過ごしてきた繊細な真実と、自分の一連の行動に気がつきました。明晰で正しい行動を取ろうと考えるにつれて、悲しみと硬くなった感覚は溶けていきました。でもすぐ行動する前に、私はここでしばらく横になり、「ありのまま」の、本当の「私」の中に浸っていたいと思いました。あらゆる創造性はこの源から生まれるのです。これこそ誰もが追い求める若さの泉であり、それは常にここにあるのです。なんとすごい、なんと驚くべきシンプルな、見過ごされがちなところに隠れている、オープン・シークレット（公然の秘密）なのでしょう！

やっと目覚める

私たちは真に覚醒すると、どんな思考や信念、感情、感覚、イメージ、行為、変化する状況にも振り回されることがありませんし、それらと同一化することもありません。周囲の環境や状況に関わらず、私たちは真髄として覚醒したままであり続けます。なぜなら、起きている状態、夢を見ている状態、熟睡している状態すらも含め、どのような状態にあっても真髄は存在するからです。

アイレスト・ヨガ・ニドラは、真髄の特徴――揺るぎない安らぎ、静寂、慈愛、分別知、誠実、自発的な行為――をより明らかにします。

私たちがこの真髄として生きる時、私たちは真の人間性を体感し、プルシャ（サンスクリットの「puruṣa」＝「真髄に住まう者」）という、自らの行動、思考、行為が生命と調和している真の人間となり、たとえ周囲の人々が真髄に目覚めていなくても、彼らもやはりプルシャであるということに気づき、彼らとも調和する人間となるのです。

アイレスト・ヨガ・ニドラは、目覚めと眠りを超越する

私たちは熟睡している時には、目が覚めている時に感じるストレスや緊張、葛藤などに気づくことはありません。何よりも、自分にマインドや身体があることすらわかっていません。

夢のない熟睡状態では、私たちはマインドと身体と全く同一化していない状態ですが、それでも私たちは存在します。だからこそ、マインドと身体が再び目覚めた時、私たちには夢も見ずに深く眠ったという意識があるのです。熟睡している最中、私たちは深い満足感と静寂を体感しています。だからこそ、目が覚めた時に休んでリラックスした感覚があり、他の人に対しても、深く安らかに眠れたと伝えることができるのです。夢のない熟睡状態では、超越した「自然な状態《Natural State》」にあり続け、全てのストレスや葛藤と自分の存在が全く同一化していない状態です。だからこそ、目が覚めた時にたっぷりと休息が取れたという感覚があるのです。

アイレストの練習では、日常生活を送りながらも、いかに意識的に、この静寂な「自

然な状態」として生きるかを学びます。真髄に至り、留まることで、自分の深い安らぎと静寂を失うことなく、不安、緊張、葛藤の中を生き抜くことができるようになるのです。アイレストは、真髄の表現として常に存在し、あなたの内面の明晰さに敏感に気づかせてくれます。それによって最も困難で、前に進むことが難しいような状況であっても、常に正しい理解、正しい行為の道をはっきりと示し続けてくれます。

正しい行為

アイレスト・ヨガ・ニドラは、不満も苦痛もない真に満足する人生を過ごす上で、足枷となり支障をきたす、あなたの核にあるネガティブな信念と習性のパターンに、あなたがいかに気づき、いかにそれらとの同一化を止めるかを教えてくれます。

不満と苦痛（サンスクリットの「duḥkha／ドゥッカ」＝「不満」、「苦痛」）は、人生がもたらすものとは異なるものを、期待したり結果を求めたりすることに、あなたが執着する時に生まれるものです。私たちが人生をあるがままに受け入れる時、不満も苦痛もなくなり、マインドに左右されることなく、そのままの現実と向き合えるようになります。

私たちが人生をそのまま受け入れる時、全ての状況はその時その時に、最も相応しい適切な行動とペアになって繰り広げられていることに気づくでしょう。そして私たちがそれらに最も相応しい行動を取ることで、その完璧性を感じることでしょう。初めて体験する時は、マインドはこうしたことを受け入れがたいかもしれません。しかし、一つ一つの瞬間を受け止め、正しい行為による、相応しい反応を体感することで、どの瞬間も完璧に構成されていることに、驚き、喜び、感心することでしょう。

信念、思い込み、期待、誤った認識が消えてなくなると、私たちはより一層誠実に生きられるようになり、誠実な生き方の源である、純粋な「ありのまま」や「存在そのもの」としての真髄を垣間見るための扉が開くのです。

アイレストは、自分には限界があり、有限の存在だと誤って思い込んでしまっている私たちを、そうではないと気づかせてくれ、目覚めさせます。そして非常に困難な出来事の最中であっても、私たちは無限であり、喜びに満ち、愛情深く、親切で、情け深く、常にありのままの「広大《Vastness》」な存在であることに気づかせてくれるのです。

私たち自身が「広大」な存在として生きる時、外界の権威ではなく、真髄から直接認められ、肯定されていることを発見するでしょう。自分の内側、あるいは外側の出来事で、揺らいだり邪魔されたりすることも、他者の意見に振り回されることもなく、真髄から自然に生じる、内なる安定をもたらす羅針盤を取り戻すのです。

アイレストは、このことを含め、他のどんなものであっても、信じろと言ったり、信じるなと言ったりすることはありません。むしろ、一連の体験や自分への問いかけを通して、自分が真実だと仮定していることを問い直してみることを勧めます。そうすることで、人から聞いた情報を手放し、現実、世界、自分自身の性質について、自ら直接理解することができるようになるのです。

すなわち、アイレストは哲学でも間接的な情報でもなく、直接の体験から人生を生きる方法です。誤った認識、不安、恐れを癒し、静寂、安定、愛情に変えるプロセスなのです。

以下は、メアリーによるアイレスト・ヨガ・ニドラの体験です。

自分が飛行機の中で座っていると想像すると、飛行機の音が轟くように恐怖がやって来ます。全身が冷や汗でびっしょり濡れ、心臓が高鳴り、恐怖でがんじがらめになっています。離陸時に振動を感じたり、音がする度に、何か異常があるのではと、恐怖が増していきます。

この飛行機は墜落するに違いない！

私は恐怖におののき、震えています。

しかしそれから、私は対極の体験を探し、母の腕の中で優しく揺れていることを思い出します。静寂と安らぎが身体を満たし、直前の恐怖に取って代わります。

恐怖と静寂という対極の二つの感覚を同時に感じると、突然、どちらからも自由になります。代わりに、自分自身は広大で、静寂で、恐れと安らぎのどちらの感情をも超越したものになります。予期せず解放され、これまで想像すらできなかったような自由を実感します。アイレストは、分離した感覚を超越し、世界と一つであると感じる領域へと私を連れて行ってくれたのです。

その後、私が飛行機に乗る恐怖はどうなったと思いますか？

最近、東部へのフライトがあったのですが、なんと怖くなかったのです！　飛行機に恐れおののく代わりに、飛行機が、拡張された私の一部のように感じられたのです。「私」が拡張して飛行機と、私の周りの空間も丸ごと含むようになったのです。

一、二回、振動で少し身体が硬くなりましたが、以前のような湧き上がる恐怖はありませんでした。飛行機の中で、ゆったり過ごせるなんて本当にすごいことです。心からありがたく思っています。アイレストはひどい恐怖感から私を解放し、想像すらできなかった、新しい自由の感覚と世界との一体感に導いてくれたのです。

全ての「もの」はスペース（空間）でできている

私たちは、物理的世界が現実であり、実体であると教えられてきました。でも本当にそうでしょうか？

マインドはそうだといいます。慣れ親しんだ文化的信念もそうだといいます。ところが、何らかの物体の実体性について一旦検証し始めると、茫漠とした空間があるばかりです。実体は分子となり、分子は原子、原子は電子となります。それが今度はクォークになり、エネルギーになり、最後は空虚な広がりとなってしまいます。

この問いを真剣に追究していくと、ついさっきまであった実体性が消えてなくなってしまいます。物質とは、実体のない空間が圧縮されたものに過ぎないのです。

私たちは、観察する対象と分離されているのでしょうか？

マインドはそうだといいます。

ところが、私たちは何かを観察する時、観察されるものに影響を与えているのです。

なぜなら、私たちは観察されているものから分離してはいないからです。[7] 分離しているという私たちの信念は、真実の問いの光のもとでは消えてなくなる幻想に過ぎないのです。

自我（エゴ）は事後の思いつき

私たちは、自我（エゴ）の実体を、分離された個別のものと信じています。それなのに、どこにこの「私」があるのかと探してみると、それはどこにもないし、実体もありません。自我（エゴ）というものは、実は事後の思いつきであり、分離された意思や行動の起点でもありません。意図は確かにありますが、本当の「我という感覚」は、自身とその他全てのものを生み出す、広々とした「ありのまま」の存在から切り離されてはいません。私、あなた、そして全ての「もの」は実は一つであり、二つではないのです。[8]

ある友人は「ありのまま」の存在である真髄の体験を、次のように語りました。

私は以前の自分の生活には影響されず、毎日新鮮な何ものにも囚われない人生を生きています。それはいつでも美しく驚きに満ちています。特に決まりはなく、耳を澄ましていればそれで良いのです。それは良し悪しを超えた世界です。

聴くことはマインドをストップさせます。まさに「耳を澄ます」という本来の行為です。私はそのことに圧倒され、敬虔な想いすら抱きましたが、だからといって、自分がちっぽけな存在だと感じたわけではありません。こうしたこと全てが、苦しんだり、「何か」を諦めたりすることなく起こるということは全くの驚きです。

私がその「何か」を感じた一番初めの時から、そこには完全なパラドックスがありました。ジャン・クラインが「不在の不在《Absence of the absence》」と呼んだものです。

ある晩の遅く、誰もが互いを気に留めないような時間に、私はスーパーマーケットにいました。その瞬間、信じられないくらいに、身体が透明に感じられたのです。

それは物理的なものを超えた健やかな感覚《well-being》です。身体が丸ごと消えてなくなったかのような透明感です。

私は笑いました！

もし他の人から私の姿が見えなかったとしても、私は驚かなかったと思います。それは言葉では表現できないぐらい美しいものです。みんながこの本当の真理をわかってくれたら良いのに。

自ずとそうなるのです。自分で何もする必要がないのです。[9]

私たちは周囲の物体から分離した存在ではなく、物質は実は空っぽの広大なスペースであり、「私」は実体のない虚構である、ということを証明することは難しいことではありません。ただ、こうした理解を自分で体感する方法を手に入れるまで、それは知的な理解に過ぎず、実際に私たちの人生に影響することはありません。

偉大な発見をする科学者たちは、夜になれば家に帰り、大したものは発見していないかのように家族と過ごします。「私」は実在せず、真髄は空っぽで広大な「ありのまま」の存在であり、それが全ての「源泉」であるという事実が、頭の中で明らかになったからといって、人生が変わることはありません。

非二元論《nondualism》を語る学派は、数千年前から存在します。しかし、私たちが求めているのは、自分の日常生活に深く影響し、私たちのネガティブな信念や非健康的な習慣を大きく変えてくれる、直接的な体験なのです。

直接自分で体験する

アイレスト・ヨガ・ニドラは、知的洞察ではなく、心から感じ、直接自分で体験し得られる理解を大切にしています。それは事実を概念的に理解することとは違います。アイレストは、実際に心から体感することを通して、それらを理解するよう促します。智慧を体感しながら生きることで、不安や恐怖、疑念から解放され、それらに代わって静寂と揺るぎない安定した羅針盤が手に入るのです。

アイレストの最中、シンプルでダイレクトな問いを立てながら、私たちは、身体、マインド、感覚、自分を取り巻く世界における全ての変化、動きに直接向き合います。私たちは、「自分は他の全てとは異なる分離した存在である」と信じています。アイレストの最中、私たちは「それは確かですか？　それが本当だと信じる時、人生はどのような感じですか？　それが本当ではないと信じる時、人生はどのような感じですか？」と問いかけます。

私たちは、自分はこの身体であり、この身体が死んだら自分も死ぬと信じています。私たちは「それは確かですか？　私はこの身体なのでしょうか？　それともこの身体は私の意識の中に存在しているのですか？」と問いかけます。そして、もしそうであれば「この意識としての私は何者ですか？」と問いかけます。

不安や恐れを感じた時は、『私』が恐れているのですか？　それとも恐れが『私』の中に生まれているのですか？」と問いかけます。「恐れ、不安、抑うつが立ち現れるこの意識は誰、もしくは何なのですか？」と尋ねます。

ネガティブな思考パターンに囚われてしまった時は、「このネガティブな考えが『私』の中から浮上したものだとしたら、『我という感覚』は誰なのですか？　あるいは何なのですか？　そしてどこにあるのですか？」と問いかけます。

これらの問いにしっかりと答え、揺るぎない静寂と定義できない「ありのまま」の存在を発見するためには、誰かの証言に基づく受け売りの信念を手放さなければなりません。

自分が何者で、この世界が本当はどういう法則のもとにあるのかについて、自分の体験から直に知るための、シンプルであり、かつ精巧なツールをアイレストは提供します。それを手に入れることで、あなたは初めて、主体性を持って「べきだ」の圧制と他者の意見から自由になり、自らを照らす光となることができるでしょう。

目撃する

今あるものを、こうであるべきだ、と私たちが信じるものに変えようともがくと、ストレス、緊張、葛藤を人生に呼び込んでしまいます。私たちの内外の世界を変えようとするもがきは、分離を作り出す葛藤から生まれたものです。

元々このもがきに内在する解決の不可能性は、私たちに慢性的な緊張、疲労、混乱、ストレスを感じさせます。逆説的ではありますが、私たちは自分の現状をあるがままに迎え入れることで、新しいあり方や反応の仕方になっていくのです。しかしながら、迎え入れるということは諦めることとは違います。諦めは、あるがままのものを、真に迎え入れることへの防御の姿勢から、まだ抜け出せていない状態です。

アイレストは、あなたの人生において、常に変化し続ける内外の現象に気づき、それを体験する方法を教えてくれます。アイレストでは何も変える必要はありません。アイレストは、何かを別の何かに変えたくなるあなたの習慣的な傾向を、ただ観察するように促すだけです。アイレストによって磨かれる「真に目撃する」という行為は、ものごとをあるがままに見つめることで、自然に、自発的に、明晰な閃きと正しい行動をもたらします。

目撃、洞察、正しい行為は、愛情、慈悲と同じもので、どれもあなたが生まれつき持っている真髄に欠かせない資質です。アイレストによって「目撃する」という意識が明らかとなり、分別知と愛を持って、問題を多面的に見ることができるようになります。分別知と愛がなければ、各々の状況に最適な真実の行為を理解し実践することができません。

断つ必要はなく、同一化を止める

アイレスト・ヨガ・ニドラの最中、あなたは、気をそらす感覚や習慣となったパターンとの同一化を止めることを学びます（サンスクリットの「pratyāhāra／プラッティヤーハーラ」＝「感覚とマインドの自然な機能を回復すること」）。これにより、正しい行為を理解し、生まれ持った「ありのまま」の広大な明晰さを持続することができるようになります。

世俗から引き離すものとして、甲羅の中に頭を引っ込める亀のイメージが、瞑想の象徴として時々引き合いに出されたりしますが、アイレストでは、世俗から自分を引き離す必要はありません。あなたは、世俗の領域に留まり行動しながら、ストレスに満ちた状況を自然に手放し解決するための智慧を生まれ持っているのです。アイレストは、あなたが直面するどの状況に対しても、理解し、きちんと反応するために、あなたに元々備わっている能力を取り戻す手助けをしてくれます。

大きな音のする時計のある部屋にいる時、その音から自分を引き離したり、それを遮断したりする必要はありません。音と争ったりそれを排除したりしようとせず、オープンな態度で、抵抗することなくその音を聞いていると、マインドは自然に超越し、――同一化を止め――音の領域を超えていきます。音はそこにあり続けますが、もうマインドの邪魔をしたり、注意をそらしたりすることがありません。これが私たちの学ぶ、ストレスに満ちた状況や難しい感情、思考、感覚の対処の仕方です。

アイレストの最中、私たちは人生や意識に立ち現れるあらゆるものに、抵抗したり、それらをむりやり断とうとしたりするのではなく、それらを認めて迎え入れることを学びます。すると自然と手放すことができ、正しい理解と正しい行動への道のりが見えてくるのです。

頭を甲羅の中に引き入れた亀のように暮らすヨギーである必要はありません。アイレストは、人生のあらゆる瞬間に対して、オープンなヨギーとして生きる方法を教えてくれます。人生を十分に体験したいというあなたの意欲が、逆説的ですが、一つ一つの体験を超越し、人生の難題の最中にあっても、あなたの真髄として生きられるようにさせてくれるのです。

意識の法則

アイレストには、「意識の法則」に基づく秘められた力があります。
あなたは何であっても、それをあるがままに迎え入れることで、それを乗り越えられます。あなたが、感覚からくる印象や癖のパターンに、抵抗せず関わりも持たなければ、それらは湖の水面に浮かんでくる水泡のように膨張し、ポンと弾け、分解し、消えてしまいます。感覚、思考、感情のあらゆる動きは、意識の表層に現れると膨張します。膨張すると一時的に煩わしく感じるかもしれませんが、それらの動きは単に表層を目指しているに過ぎません。あなたが抵抗しなければ、それらは意識の広大なスペースの中に散り散りになっていきます。あるがままとして、ただあることを許されたものは何であれ、意識の中で全てバラバラに分解し消えていきます。この真理はあなたの全ての体験に当てはまります。

不眠症に悩むシャロンは、アイレストが役に立つかもしれないと友達から聞きました。これまでは、何をしても効果が得られていませんでした。最初のアイレスト・ヨガ・ニドラのセッションでは、シャロンは身体に、感覚とエネルギーが流れる喜びを学び、緊張が一気にゆるむ体験をしました。二度目のセッションでは、夜眠れないことへの恐れに、抵抗する代わりに、迎え入れることを学びました。

シャロンは自分の恐れを「お茶と会話」に招き入れると、突然、自分は眠ることを恐れていたことに気づいたのです。昨年、親しい友人の一人が、睡眠中に思いがけず亡くなったのです。シャロンは自分でも無意識のうちに、同じことが自分にも起こるかもしれない、という恐れを心に抱いていたのです。死の恐怖を迎え入れると、シャロンは大きな安心感を得ました。なぜなら、自分が気がかりだったのは眠りではなく、大切な友人を亡くした悲しみだったとわかったからです。

四回の連続したアイレストのセッションの間、シャロンはその悲しみを迎え入れ、悲しみは友人に対する深い愛情の表現なのだということを理解しました。そして彼女は人生の尊さを認め、自分のために生きることを深く受け入れるために、彼女が取るべき行動、そしてずっと先延ばしにしていた行動を受け入れました。

予想を裏切る、なんと素晴らしいことなのでしょう。シャロンは恐れを迎え入れることで、愛し、行動し、しっかり眠れるようになったのです。

分離という幻想

私たちは、自分が認識している物質は、自分自身とは分離した現象だと誤って思い込んでいます。私たちは、音を聞いたり、誰かに挨拶したりする時、それらは「外側」

にあると信じていますが、実際は常に自分たちの「内側」――意識の内側、感覚からくる知覚として内側――にあるものなのです。なぜなら、感覚からくる印象というのは、それを知覚するマインドから分離していないからです。

私たちは知覚する対象から分離してはいないのです。分離というのは、二元的な内側と外側の世界を便宜的に保つために、私たちの感覚とマインドが生み出した心理的な投影なのです。

自分で体験してみましょう

∵数分間読むのを止め、周囲の音に耳を澄ましてみましょう。耳を澄ましていると、最初は特定の方向から聞こえてくる、特定の音に注意が向くことに気がつきます。

∵しばらくしたら、全方向から聞こえてくる、全ての音を同時に聴くようにしてみましょう。マインドだけでなく、身体全体でグローバルヒアリング（包括的な聴き方）をし、感じてください。

∵更にしばらくしたら、音に注意を向ける代わりに、自分の意識の中に全ての音が生じていることを感じてください。自分が意識《Awareness》であるためには、思考するマインドは止まらざるを得ないということを感じましょう。

∵自分の中に音という感覚が現れてきたとしても、意識《Awareness》として留まります。

∵今度は、目で見るという行為について同じことを試してみましょう。

知覚する瞬間、思考はなく、知覚する存在というマインドもそこにはありません。自我（エゴ）は、知覚が起こってから五百ミリ秒後にやって来るのを、脳が認識したものです。[10]

マインド、自我（エゴ）が考えているものは、実際には過去の出来事を「私は今このように知覚している」という解釈です。そうしてマインドは、考える行為を通して、知覚を明確に二つに、知覚されるものと知覚するものに分けるのです。[11]しかし事実は変わらず、知覚の瞬間に自我（エゴ）は不在であり、多次元的な知覚《multidimensional perceiving》があるのみです。

このような理解から結論を導き出しましょう。

真髄、もしくは「ありのまま」の状態から離れることなく、そのままの状態でいる時、真髄からの分離はなく、「ありのまま」の状態でも、知覚したり認識したりするという現象は継続します。あらゆる「もの」、そしてあらゆる知覚は、知覚するという行為の中で展開していて、知覚するという行為は「ありのまま」の状態の中で展開しています。あなたが、この悟りを感覚として体感した時、マインドとの同一化は止み（たとえ思考が続いて継続していても）、自我（エゴ）は消えてなくなり、知覚するという行為によって「ありのまま」の存在が明らかになります。

私たちは、経験を抑え込むことはできるかもしれませんが、最終的に、それを取り除くことはできません。全てのものは、生まれ、成長し、衰え、没するというサイクルの中で動いています。それらをコントロールしようとしても、この自然のサイクルを変えることはできません。全てはあるがままに任せるのが良いでしょう。結局、ものごとはあるがままですよね？

そのままを受け入れ、迎え入れると、じたばたすることがなくなり、葛藤は収まり、落ち着きのないマインドも静まり、認識を超え、定義することが不可能な私たちの根底にある生まれ持った「ありのまま」の存在は、自ずから光を放つようになります。

あなたが「ありのまま」の存在として生きると、欠けているものは何もないことがわかります。あなたの真髄は完全であり静寂です。あなたは幸せに「なる」ために、何かをしたり何かを手に入れたりする必要はありません。自分に何かが欠けているから、それを満たすために行動するのではなく、完全性から行動するのです。あなたは何かになるために行動するのではなく、単にそれが自然で正しいことだからそうするのです。

迎え入れる

拒絶は葛藤を生み出します。あなたが拒絶したものは無意識の中へ押し込められ、無意識の中で息づくものは、全て世界に投影されます。あなたが怒りを拒絶すると、怒りが世界に投影されます。あなたが他者を批判するのは、それはあなたが自分の行為を批判しているからです。あなたが「自分」への批判を止めれば、あなたは「他者」を批判することを止めるでしょう。

この理解を感覚として体感すると、パワフルな変革がもたらされることでしょう。変えようとすることを止めて、気づくことを学ぶと魔法が起こります。意識を火に例えると、火が全てを浄化してくれるように、意識にも浄化作用があります。火は批判したりはしません。存在の中にある不浄を単純に焼き尽くすだけです。

アイレストの最中、私たちは意識の炎そのものであり、その中に留まることを学びます。これは、現実を変えようとすることは不可能であるという洞察に基づいた、全てをそのまま迎え入れ、受け入れるという行為です。意識の炎の中に留まり、意識の炎として在る時、私たちは変わろうとすることを止め、未知のものにオープンになり、ゴールや意図に囚われずに迎え入れます。

自分、あるいは人生をあるがままに受け入れないと、私たちは自己嫌悪に陥ります。受け入れないということは、自分を大切にしていないということです。

自分の経験を、そうではなければ良いのにと否定する時、私たちは現実と戦うことになります。その場合勝者は常に現実です。迎え入れるというパラドックスが、瞬時の変革をもたらしてくれるのです。

ものごとはこうある「べき」だとする信念に基づいて、自分の世界や自分自身を変えようとする試みを手放す時、洞察と正しい行為が、自ずから意識の表層に浮かび上がります。するとあなたは自らのために、あらゆることを迎え入れて生きるようになります。なぜならばそれが喜びや自由をもたらすからです。

デイヴィッドは、絶え間なく自分の心身を通り抜けてゆく、無数の感覚、感情、マインドを迎え入れることを学ぶため、アイレストのセッションを幾度となく行ってきました。もはや彼の注意力が、そうした動きに引っ張られることはなく、そこから自由となり、それ自身を迎え入れることを吟味しています。

そうしたことを促すような言葉をいくつか投げかけると、「迎え入れるもの（主体）」と、「迎え入れられるもの（客体）」の違いが識別できるようになっていきます。それによって、分離した自我（エゴ）としての感覚が消え、「迎え入れるもの（主体）」として現れる「ありのまま」の自分自身を感じられるようになっています。

デイヴィッドは後にこのように語っています。

「このセッションの最中、全ての分離の感覚は溶けてなくなり、あらゆる場所に存在する喜びの大海に吸収され、どんな具体的な体験からも、完全に分離した状態にいました。私は、自分の光を浴びているのを感じました。私の身体は、私を飲み込んだ、無限の感覚によって完全に武装解除された感じでした。私は、自分の中にこの身体が息づいている、というものすごい生命力を感じました。そして、その本当の生命力が、私の肉体から出てきたのではないと気づいた時は、少し困惑しました。まさにその逆で、思考や体験は継続しながらも、私は本当の生命そのものであり、その中に思考や体験がやって来ては過ぎ去ることを感じました。実のところ、今でも私は生命そのものであって、その中の全てのものは、やって来たり過ぎ去ったりしているのを感じています。」

日常生活

多くの人々が、この精巧なアイレストの練習を通して、定義することが難しい「我在り」に目覚めていくのを、間近で目撃するのは素晴らしいことです。またアイレストによって、彼らの日常生活と人間関係がどのように変わっていったかを聞くことも、同じくらい素晴らしいことです。

デイヴィッドが垣間見た真髄は、彼の日常生活に浸透し続けています。問題は今も発生してはいますが、彼が見つけた生命そのものという感覚を衰えさせるようなものは何もないようです。数ヶ月後、デイヴィッドは続きを報告してくれました。

日々の経験が連続していないということが、今ならはっきりわかります。自分のマインドの活動が、根底にある「ありのまま」の存在をぼやけさせてしまうのです。つまり、実際は、「ありのまま」の存在こそが存在し続けていて……他の全ては「ありのまま」の存在の上で起こる、まさしく偶然の産物なのです。マインドが、いかに大きな力を持って観察の邪魔をしているかがわかります……そして、私はこうしてわかることによって変化し続けているのです。生活の中で、毎日のように自分が本当の自分へと変化していくことに、心底びっくりしています。しかも、この変化が起こることを妨げるものは何もないように思えます。

今では私自身との関係がすっかり変わってしまったので、対人関係も完全に変わりました。こんなことが可能だなんて、想像もしませんでした。

それでは、アイレスト・ヨガ・ニドラの具体的な練習法を詳しく学び、今度はあなたの人生がどのように変わるのか見ていきましょう。

第二章

アイレスト・ヨガ・ニドラの練習

緊張や葛藤を引き起こしたり、安らかであるはずの自然な状態から私たちを遠ざけたりしてしまう癖や習慣から解放されるために、私たちは頻繁にマインドの練習を続ける必要があります。何をすれば良いのかがわかれば、葛藤を解消するのは難しいことではありません。忍耐強い練習が成功をもたらし、愛、寛大さ、正しい行為といった良い結果を生み出します。

コーシャ（層）

西洋科学、およびヨガでは、常に変化している三つの状態があると考えています。それは身体的、精神的、エネルギー的状態で、ヨガではこの三つの状態を更に六つの層（サンスクリットの「kosha／コーシャ」＝「層」）と、一つの変化することのない唯一の根底にある真髄《Essential Nature》とに分類します。

アイレスト・ヨガ・ニドラでは、変化する六つの層に対する嫌悪と執着（あるがままの状態の拒否）が、慢性的なストレスや苦痛、葛藤、不安、抑うつ、不眠、安らぎのない状態をもたらしていることを明らかにします。そして、これらの変わりゆく現象であるコーシャ（層）一つ一つに、関連する隠された嫌悪と執着を見つけ、それらを手放すことができるようになるプロセスがアイレストなのです。

アイレスト・ヨガ・ニドラの各ステップは、特定のコーシャ（層）に対応しています。それぞれのステップを経るごとに、ストレスや葛藤、緊張やこわばりは溶けてなくなり、身体、マインド、感覚、変化する全ての状態から独立した存在である、真の洞察力と正しい行為、無条件の喜び、満足、安らぎが現れてきます。

あなたのアイレストの個人的なセッションでは、特定のコーシャ（層）に的を絞って練習することもできますし、いくつかのコーシャ（層）を順番に練習しても、または全てのコーシャ（層）を練習しても構いません。

アイレスト・ヨガ・ニドラのステップとコーシャ（層）

ステップ 1	目的・意図 (sankalpa／サンカルパ)	真理の探究 「目的・意図」を宣言する
ステップ 2	心からの願い（大願） (sankalpa／サンカルパ)	足跡を発見する 心からの願い（大願）を宣言する
ステップ 3	インナーリソース（内なる平和） (sankalpa／サンカルパ)	真理を知覚する インナーリソースを体感する
ステップ 4	身体のコーシャ（層） (annamaya kosha／アンナマヤ・コーシャ)	真理をつかまえる 身体を感じる（ボディセンシング）
ステップ 5	呼吸とエネルギーのコーシャ（層） (prāṇamaya kosha／プラーナマヤ・コーシャ)	真理を知る 呼吸とエネルギーを感じる

ステップ 6	感覚と感情のコーシャ（層） (manomaya kosha／マノーマヤ・コーシャ)	真理を手なづける 感覚と感情を感じる
ステップ 7	思考と認識のコーシャ（層） (vijñānamaya kosha／ヴィグナーナマヤ・コーシャ)	真理を得て、真我に還る 思考を感じる
ステップ 8	歓喜のコーシャ（層） (ānandamaya kosha／アーナンダマヤ・コーシャ)	真理を超越する 歓喜を感じる
ステップ 9	自我（エゴ）と目撃者のコーシャ（層） (asmitāmaya kosha／アスミタマヤ・コーシャ)	超越された真理と自己 自我（エゴ）を感じる
ステップ 10	統合 (sahaj／サハージ)	源に到達する 真髄として、自然にあるがままを生きる

コーシャ（層）というのは、一貫性のある練習を行うための、アイレスト・ヨガ・ニドラを整理する概念ツールに過ぎません。

アイレストを行うにあたって、あなたは何かを信じる必要はありません。唯一アイレストがあなたに求めることは、練習を重ね、アイレストに本来備わっている治癒力を、自分自身で発見することです。

それぞれのコーシャ（層）は、私たちが旅する領域とつながりがあるかもしれません。あるコーシャ（層）に着いたら、その場を探検し、そのコーシャ（層）の全体像を摑んで理解し、同時に、その過程で出会う様々な感覚、思考、感情、イメージを快く迎え入れるようにしてください。

そして、あらゆる内的および外的な動きと同一化することを手放し、あるがままの状態、あるがままの自分で、今この瞬間にあることを学んでください。私たちは自分の思考、感情、感覚と同一化することが習慣になっているため、これはなかなか難しいかもしれません。しかしアイレストは、「自分の思考と自分を同一化することを止めると、自ずと答えが現れ、葛藤と不調和は消えてなくなる」ことを明言します。

ステップ1

真理の探求――「目的・意図」を宣言する

抜け出すには単純に観察するしかない。

――ジャン・クライン

アイレストのプロセスは、アイレストの練習のための三つのサンカルパ（心からの願い）を誓うことから始まります（サンスクリットの「sankalpa／サンカルパ」。san＝心から生まれた、kalpa＝時間とともに展開するもの　心から生まれてきたものになる）。

1. 目的・意図《Intention》
2. 心からの願い《Heartfelt Desire》（大願）

3．インナーリソース（内なる平和）
Inner Resource

この三つは、ダイナミックなプロセスであり、身体、マインド、感覚、全てを使って誓うものであり、人生で何よりも叶えたい大願を成就させてくれるものです（サンスクリットの「bhāvāna／バーヴァナ」）。

これらと相反するものがヴィカルパです。個人的・家系的・社会的に生まれ持った習性は、人生、自分自身、または他者についての信念を形成すると同時に、私たちの人生を行き詰まらせたり、障害ともなり得ます（サンスクリットの「vikalpa／ヴィカルパ」。vi＝心から生まれたものから私たちを遠ざけるもの、kalpa＝時間とともに展開するもの）。

自身のサンカルパを探求し誓うことで、私たちの身体やマインドに存在する対極のものが自然と浮き彫りになります。対極のもののおかげで、まだ解決されていない嫌悪、執着、恐れ、習慣になっている信念が認識できるのです。

アイレストにおいて、対極のものを迎え入れることは重要なポイントです。

アイレストの練習では、対極のものをメッセンジャーとして迎え入れます。私たちがメッセンジャーとして正しく理解すれば、それらは私たち自身や他者、そして世界との調和を保つ手助けをしてくれるでしょう。

サンカルパが、私たちを偉大な存在に導いてくれる一方、相反するもの（ヴィカルパ）は「あなたは名声に値しない」と信じ込ませ、偉大な存在になろうとする努力を妨げます。

アイレストでは、習慣となっている条件反射的な行動について、注意深く探求することを促します。相反するものを迎え入れることで、自分の可能性を制限するような信念を手放すことができるようになり、心からの深い決断と完全に調和することができます。

アイレストは、自己探求のための瞑想法の一種です。自己探求を達成するには、気を散らさず一心に集中し続ける能力を育み、興味や動機、忍耐力、そして粘り強さを保つ練習が必要です。

散漫は集中を妨げます。しかし強い「目的・意図」を持つことで、自己探求に適したレベルにまで集中力を高めることができます。集中が妨げられなければ、私たちは習慣となった癖や誤った認識に気づき、それらを乗り越えていくことができます。集中して続けられない場合、それらは私たちを不満と苦しみに縛りつけ、真髄への気づきを阻害することでしょう。

アイレストの最初の三つのステップは、マインドフルネス瞑想の初期のフェーズ――集中力の育成――の開発に有効です。アイレストは、マインドフルネスのトレーニングの一形態として、気を散らさずに一点に集中する能力を取り戻すことができます。それによって、たとえ「とめどなく湧き出る思考」によって気が散りがちであったとしても、自己探求に必要な集中力を培うことができるようになります。

まず最初に、メッセンジャーとして、様々に変化する事象が存在していること、そして、メッセンジャーは私たちが満足して調和の取れた生活を送れるようにしてくれるものであることに気づいてください。

そして次に、メッセンジャーは真髄の現れであることに気づいてください。

そして最後に、メッセンジャーは真髄を悟るためのものであることに気づいてください。

「目的・意図（intention）」

「目的・意図」の設定は、アイレストの重要な最初のステップです。

このステップでは、注意力と集中力を高め、養い、維持する、サンカルパの基盤を築きます。

「目的・意図」は、適切に用いられれば、現れた感覚・感情・思考・記憶とマインドが同一化しそうな瞬間を認識させてくれます。しかし、「目的・意図」を正しく定めないと、今この瞬間に気がつかず、マインドは「休眠状態（悟っていない状態）」のまま過ごし続けるでしょう。マインドが「休眠状態」の時、起きている時には空想という形を取り、睡眠時には夢という形を取ります。

強い熱望が、全ての行動を引き起こす

「目的・意図」が正しく定められた場合は、驚くほど鋭敏な注意力をもたらします。

そして、身体とマインドの変化する動きと、同一化したり融合したりといった、習慣となっている癖を打ち破ります。マインドはそうしたものと融合しがちですが、同一化したり、融合したりしているということへの気づきを繰り返すことで、その癖が消えていきます。

「目的・意図」の奥にある原動力は、旺盛な好奇心、興味、向学心、そして人間として、私たちの全ての潜在能力を呼び覚まし、発揮したいという誠実な願いです。「目的・意図」には、かなりの自己規律が必要だという人もいます。しかし向学心と、自分自身を本当に理解したいという願いこそが規律のベースであり、それがあれば、心のこもった強い「目的・意図」を容易に見出せるでしょう。真髄への目覚めはもう直前です。

アイレストのこの重要なステップを決して過小評価せず、大切にしてください。アイレストの練習を始める時は、時間をかけて、あなたにとって最も重要な「目的・意図」をしっかりと心に刻んでください。そしてこの「目的・意図」を、あなたの練習と日常生活の両方に根付かせてください。しばらくすると、「目的・意図」自体が、自らの存在を自然にあなたに思い出させてくれるようになります。

自分自身を真摯に理解しようとする「目的・意図」は、完全に覚醒したいと願うあなたの熱意を高めてくれます。「目的・意図」のゴールは、あなたを自己理解と自由の扉へと導くことです。そして真髄という、あなたの基盤に立ち戻らせることです。


あなたが自分自身と誓約や取り決めをする時、あなたの「目的・意図」は、日常生活においてあなたの「心からの願い（大願）」をサポートします。

「目的・意図」を設定する際には、最後まで守ることができるよう、無理のない誓約を立てることがコツです。なぜなら誓約を守れなかった場合、自分自身を裏切ることとなり、自信が弱まるからです。同様に、「目的・意図」はインナーリソースをサポートしてくれます。例えば「目的・意図」を、日常生活の中で常にインナーリソースを思い出せるようなものに設定してもよいでしょう。

そして一旦立ち止まり、落ち着きます。インナーリソースを感じることを思い出すための簡単な方法は、時計や携帯電話のタイマーを一時間ごとに鳴るようにセットすることです。インナーリソースを思い出すのは、一呼吸ぐらいの短さでも良いですし、好きな長さでも構いません。インナーリソースという聖域で取る休息は、短くても素晴らしいリフレッシュ効果があります。練習を始める時、練習の最中、そして練習を終了する時などいつでも、また日常生活におけるいかなる時でも、あなたは「目的・意図」、インナーリソースに戻ってくることができる、ということを忘れないでください。

練習における注意点

集中を妨げないために、練習の始めに、少し時間を取って、マインドの中を流れゆく思考や独創的なアイデアを、一旦頭の中のファイルに置いておきましょう。また浮かんできた思考やアイデアを練習後にメモできるように、ペンと紙をかたわらに置いておきましょう。あるいはこれらのアイデアを、練習が終わるまで安全に保管できる架空の整理棚を頭の中に作っておくのも良いでしょう。練習が終わったら、洞察した内容をこの整理棚から取り出すのです。この方法だと、あなたのクリエイティブなアイデアが、いつでも取り出せるように保存されているということがわかるので、リラックスできるでしょう。

「目的・意図」の例

「目的・意図」は、短期的なものでも良いですし、長期的なものでも構いません。例えば、練習のための「目的・意図」を、「私は背中の痛みをメッセンジャーとして歓迎し、その声に耳を傾ける」といったような特定の感覚に設定することもできます。あるいは「私は自分の心の中にある怒りを感じる。そして、それが私にとって意味するものを迎え入れる」といったような特定の感情に対して設定することもできます。あるいは、「私はその信念を迎え入れる。私は不十分な存在だ」のような特定の信念や、「私は私のままで大丈夫だ」という反対の信念でも構いません。またあなたのインナーリソースを体感すること（フェルトセンス［1］）や、「ありのまま」や意識《Awareness》の感覚を、時間をかけて育むといったものでも構いません。「目的・意図」は、あなたの日々の様々な出来事を通して誓っていく、長期的なものにすることもできます。

　アイレストの最中、「目的・意図」に時間をかけて取り組んでいきましょう。なぜならそれは、身体、マインド、周囲の環境がいかなる状態にあろうと、「ありのまま」の存在と意識をサポートするように作られた誓いだからです。

アイレストの最中、私たちは同一化、融合、誤解といった自分の反応パターンから自由になるために、「目的・意図」を育んでいきます。迅速で正しい行動をするために「目的・意図」を育て、健康、完全性、健やかさ、喜びといった、生まれ持った、そして不変の資質を育みます。そして、目が覚めている時、夢を見ている時、あるいは夢も見ずに眠っている時も、感覚・思考・感情が存在しているか否かに関わらず、私たちの真髄を認識し覚醒するために「目的・意図」に取り組みます。

私たちは、アイレストの練習や人生において、集中、好奇心、粘り強さ、忍耐力、やる気を維持するために、「目的・意図」を誓います。そして私たちは、自分たちの「心からの願い（大願）」（ステップ2で説明）を実現する助けになる「目的・意図」を誓うのです。

あなたの「目的・意図」を見つける

あなたの「目的・意図」を明らかにするために、人生における主要なカテゴリー、すなわち健康、精神性、愛、喜び、人間関係、結婚、子育て、友情、キャリア、創造的表現、経済状況などをリストアップしてみましょう。これらのカテゴリーは、あなたにとって意味のあるものでなければなりません。それぞれのカテゴリー、または目標が、あなたにとってどれほど重要であるかについて考えてみてください。それが終わったら、それぞれの主要なカテゴリーごとに「目的・意図」を一つずつ設定しましょう。

あなたの「目的・意図」を見つける別の方法は、あなたの人生における十個の重要な目的リストを作ることです。そして最も大切なものから順に並べていきます。その際、あなた自身にこう問いかけてみてください。

「私にとって一番大切な『目的・意図』が実現できるとしたら、それはどのようなものだろうか?」

「もし最も大切な『目的・意図』に従って生きるとするならば、どのような日々を過ごすことになるのだろうか?」

思いを馳せ巡らせながら、そのような人生から得られる恩恵に着目していきましょう。そしてその恩恵を、あなたのマインドと身体が徐々に感覚として体感できるようになるまで、何度もじっくりと熟考を重ねてください。

あなたの「目的・意図」は、あなたとの具体的な誓約・確約・取り決めとなるように表現してください。マインドと身体は、抽象的な概念は把握できません。したがって、あなたの願いと「目的・意図」を、具体的な言葉で、現在形で、実行を可能にする動詞で、表現しましょう。

例えば、あなたのリストの中で最も重要な項目が「偽りのない、愛にあふれる人間関係の中で生きる」ならば、次のような取り決めにしてはどうでしょうか。

「私は愛・優しさ・真実に基づいて話し、行動する」
「私は毎日、愛情に満ちた優しさ・真実・喜び・平穏を体現する」
「私は、全ての思考・行動・行為において嘘がなく、誠実である」

次に挙げるのは、他の人たちの「目的・意図」の例です。

・私は健康と活力を得るために食事をする。
・私の人間関係は、調和とインスピレーションと喜びの源である。
・私のキャリアは私を奮い立たせる。

・私はきちんとしていて効率的に仕事をする。
・私は毎日瞑想をする。
・私の体重はちょうど良い。
・私は素晴らしい友人たちに感謝する。
・私は人生を愛している。

もしあなたが積極的に、自らの「目的・意図」に従って生きると、人生はどのようなものになるのかを想像してみてください。そしてこのように生きることで得られる恩恵 —— 幸福、心の安らぎ、静寂、潔白な良心、調和の取れた関係、最重要目標の実現、心理的かつ精神的な健やかさ、身体と心の健康など —— を感じてみてください。

あなたの願いと優先事項を、具体的で、純正な誓いとして表現してみましょう。
人生ににに"Yes"を。

ステップ2

足跡を発見する――心からの願い（大願）を宣言する

真理はいつもここにある。既に発現しているのだ。
――リチャード・ミラー

「心からの願い（大願）」（サンスクリットの「dharma ṛta bhāvāna／ダルマリタバーヴァナ」）とは、あなたが最も深く望んでいること、願い、使命、あなたの魂が呼ぶ声のことです。それはあなたの人生に、意味や目的や価値をもたらします。あなたの人生において、極めて重要で代表的な指針といえるでしょう。

「心からの願い（大願）」は、至高の真理と宇宙の法則を守りサポートするものです。それは自然の法則（サンスクリットの「ṛta／リタ」）に基づき、全宇宙とそこに存在する全ての働きを、調整し連携させます。

「心からの願い（大願）」は、あなたの究極の解放と自由、真髄の悟りをサポートします。

「心からの願い（大願）」は、あなたの魂が元々有する願望や目的（サンスクリットの「dharma／ダルマ」）、またあなたの天命、人生の哲学や価値観などです。唯一無二のあなたを通して「生命」がその究極の目的を表現し生きているのです。

「心からの願い（大願）」は、あなたの一生を通じる大切な人生観（心構え・姿勢・態度）――サンスクリットのバーヴァナ（bhāvāna）――でもあります。そしてそれは人生の価値観を形成し、それによってあなたは自分の人生を生きています。

今、この瞬間

「心からの願い（大願）」は、私たちの真髄から出てくるものです。それを潜在意識が容易に理解できる現在形で表現しましょう。

潜在意識は、感情的かつ具体的に作用するので、「心からの願い（大願）」を誓約する際は、それが具体的なものであることが重要です。感情を込めて現在形で、そして五感も一つ以上使ってください。

例えば次のように誓うと良いでしょう。

「私はいつも真実を話します」
「私は自分にも他人にも優しく親切にします」
「私は嘘偽りのない行動をします」

永遠の今（サンスクリットの「nityatvam／ニチャートヴァム」）だけが存在しています。永遠性は、私たちの真髄の重要な側面の一つです。私たちが自らの永遠性を忘れ、限られた時間の中で生きていると信じ込んでしまうと、私たちは六つのコーシャ（層）のいずれかに捕まってしまいます。

時間とは、概念でありマインドが投影されたものに過ぎません。

過去や未来について考えている時、私たちは「考えるマインド」の中に浸っています。一方、自分自身が直接何かを体感する時、それは概念ではありません。ただ「今、この瞬間」があるのみです。ぜひ、このことをあなた自身で確かめてください。

「過去」の瞬間にいたあなたが実際に経験していたのは、その時の「今」です。そうではありませんか？　そして、未来のどこかであなたが経験するのも、その時の「今」です。いつどの瞬間に――例えば今この瞬間――「これは一体いつだろう？」とあなた自身に問いかけてみたとしても、あなたが直接経験するのは、常に「今」でしかあり得ません。「今」だけが存在しているのであり、私たちが実際に生きて体験しているのは、マインドによって概念上、過去や未来に区別される前の、切れ目のない永遠の「今」なのです。それがわかれば、未来に「目的・意図」を設定するということが、決して到達し得ないものを追い求めることになるということを理解してもらえるでしょう。ですので、「目的・意図」と「心からの願い（大願）」は必ず現在形で表現するようにしてください。

視覚・聴覚・触覚

五感を通して世界を認識する際、私たちは視覚、聴覚、触覚の三つの感知能力のうち、少なくとも一つを使って認識する傾向があります。

例えば、あなたが世界を視覚的に把握する人であれば、映像を心の目で見ることはたやすいでしょう。もしあなたが聴覚に優れている人であれば、他の人が影響を受けないような音も敏感に感じ取るでしょう。そしてあなたが触覚に優れている人であれば、身体感覚や感触、物事の動きに対して反応しやすいでしょう。

私たちの体験を方向付け深める上で、味覚や嗅覚も重要な感知能力です。したがって「心からの願い（大願）」は、これら全ての五感に訴えるような言葉を使って表現することが大切です。それによって脳は情報にしっかりとアクセスすることができ、それらを余すことなく処理できるのです。

前項で述べたように、潜在意識は一語一句、明確で具体的な言葉を好みます。ですから「心からの願い（大願）」は、具体的なイメージや感触、音、味、匂いが思い浮かび、文字通りの真理を語る言葉で表現してください。

「心からの願い（大願）」を宣言する時は、あなたの身体、マインド、ハート、五感の全てを駆使してください。そして、あたかもそれが今この瞬間に現実に起きていて、それを事実として述べているかのように表現しましょう。

「私は健康になります」「私は悟りを得ます」と言う代わりに、「私の本質的自己は、いつも完全で健康です」とか、「私は悟り『自分の真髄』を生きています」と言いましょう。

ある時、私は落ち込んで希望を失っていた友人に会いに行きました。彼女は長年化学療法を受けており、その時はちょうど三回目の化学療法の最中でした。私は、健康上のことで彼女が心に抱いている願いを聞き、彼女の想いが明らかに未来に向けられていることに気がつきました。

私は彼女に、願いを現在形で、そしてその「心からの願い（大願）」を、まるで今この瞬間本当に体感しているように、見て、感じ、味わい、匂いを嗅ぎ、聴き、体験しているように言い直すよう勧めました。

そして彼女が、「私は、まばゆいほどに完全で健康な自分自身を見て、感じ、体験しています」と言い直した時、彼女は先ほどとの違いに非常に驚きました。身体的には辛さや疲労感があるものの、内側ではもはや癒しを必要としないほどの、完全さと健やかさに気づいたからです。

一緒に過ごす中で、彼女は自然に自分の真髄を垣間見るようになりました。彼女は、自分が健康と完全性そのものの広大な存在であり、これまでの人生において、ただの一日も病に侵されたことはなかったのだと気づきました。「マインドや身体に何が起きていても、私は完全で健康なのだ」ということを心から理解したのです。それは彼女にとって素晴らしい気づきでした。その後彼女が、ガンの治療に積極的に取り組み続ける間も、この気づきと悟りが、彼女の精神的・霊的な健やかさにずっと影響を及ぼすものとなりました。

完全な体験

自分の「心からの願い（大願）」を単に「考える」だけではいけません。その願いを、まるで今この瞬間に真に体験しているかのように、全身全霊で感じてください。「心からの願い（大願）」や核となる価値観、あなたの魂が呼ぶ声、使命を確認する時は、それらを全身で感じてください。今この瞬間、それらが本当に事実であるかのように体感しましょう。

また、あなたの潜在意識が、どのように作用するのかということを覚えていてください。それは今この時に、具体的に作用します。それゆえ、今真実として「心からの願い（大願）」をイメージし、実際にあなた自身で感じてみてください。

「心からの願い（大願）」を受け入れ、イメージし、書き留め、しっかりと感じ取ったならば、アイレストの次のステップに移るため、それを一旦脇へ置きましょう。

「心からの願い（大願）」については、後ほどアイレストの練習の最後に、完全に開放性《openness》を受け入れた時点でもう一度触れます。そこで再び「心からの願い（大願）」を体験することになりますが、それは最初に思い描いたままであるかもしれませんし、アイレストの最中に何か洞察を得て、願いそのものが変わるかもしれません。

いずれにしても、「心からの願い（大願）」を今、この瞬間における現実として、生き生きとした真実の表現として体験します。このようにして「心からの願い（大願）」を生きていると、私たちは人間の持つ潜在能力を最大限に引き出すことができるようになります。

最も真摯な「心からの願い（大願）」を見つける

サンスクリットでサンカルパ（sankalpa：「san」はハートから湧き上がる、「kalpa」は時とともに明らかになるの意）とは、誓い・決心・約束を意味します。

この対義語として、サンスクリットのヴィカルパ（vikalpa：「vi」は引き離す・分断させる、「kalpa」は時とともに明らかになるの意）があります。疑いや批判によって自分自身を封じ込めるという意味です。ヴィカルパは自分の決心を疑い、誓いや約束を破る私たちの傾向を示しています。

最も真摯な「心からの願い（大願）」と、人生に対する「目的・意図」は、明確で確固たる誓いを形成し、あなたはその達成に向けて覚悟を決め、熱心に取り組むようになるでしょう。それらはあなたに目的と価値と意味をもたらし、あなたが人生の目標を実現できるようにする手助けとなるのです。

インナーリソースは、あなたの「目的・意図」に連動して働き、安堵感・安らぎ・静寂・健やかさなど、心から湧き上がってくる、揺るぎなく打ち消しがたい感覚をあなたにもたらします。これら二つの感覚、インナーリソースと「目的・意図」は、共にあなたの表明した決意の念を集結させ、内なる資源（リソース）に集中できるよう働きかけます。そしてあなたに限りない力を与えてくれます。

「心からの願い（大願）」は、最も深遠で大切なあなたが生きている理由です。それをサンスクリットではダルマ（dharma／ダルマ）といい、どんな時でもあなたを守りサポートします。

ダルマは命令・真理・普遍的法則の至高の原則に関係するサンスクリットの「ṛta／リタ」から派生した言葉で、全宇宙とそこに存在する全ての働きを調整し連携させるものです。また、ダルマはあなたが真髄に気づいたり、あふれんばかりの解放感や自由を感じたりできるようにしてくれます（ダルマはサンスクリットの「moksha／モクシャ」。ダルマの反義語は「adharma／アダルマ」で、不自然さやモラルの欠如を意味します）。

ダルマはあなたを突き動かす極めて重要な指令で、自然の法則と物事の自然的秩序に基づいています。あなたの魂に元々備えられている願いであり、目的であり、使命です。あなたの魂が呼ぶ声や人生哲学、価値観など、あなたの人生を方向付けているものです。ダルマとは、「生命」がその究極の目的をあなたを通して、あなたにしかできない方法で全うしようとするものです。

社会の調和と人類の幸福のために、私たちは自然の秩序と普遍的法則の要件に見合う、しっかりとした判断力を持つ必要があります。自分のダルマ、つまり「心からの願い（大願）」を生きる時、私たちは次のような状態へと導かれます。

「Artha／アルタ」：崇高な仕事や行動に携わり、物質的繁栄を得る。
「Kama／カーマ」：喜びや快楽を感じる。
「Moksha／モクシャ」：苦悩、恐れ、不安、不満から自由になる。

「心からの願い（大願）」の例

- 私の思考・言葉・行動は、完全に一致しています。
- 私は嘘偽りのない、正直で誠実な親切で思いやりのある善き人間として、人生を送っています。
- 私は全ての命に対し、深い優しさ、敬意、愛を抱き、奉仕する人生を送っています。
- 私の意思は、大いなる存在の意思と全く同じです。

・私は自分や他者や世界と調和し、愛にあふれています。
・私は好奇心と喜びと熱意を抱き、勇気あるクリエイティブな生き方をしています。
・私は内なる導きをしっかり受け取り、それを心からの信頼と信念を持って表現しています。
・私は自分の人生を信頼し、愛しています。

展望

想像してみてください。

今から何年か後、あなたは座り心地の良い椅子に腰掛けていて、これまでの人生を思い返しています。特別な友人たちが周りに集まってきて、あなたの生き方をどう思うかについて話しています。あなたは彼らに、自分の生き方についてどう思うかを話しています。友達や家族との間で経験したこと、勤め先やキャリア、楽しかった時や辛かった時のこと、人間的・霊的な成長、どんな創造性を発揮してきたか、健康面のこと、自己表現、どんな尽力をしてきたかなど、人生における様々な場面を思い起こしてみましょう。

・振り返ってみて、どのような点に満足していますか。
・あなたが生きる上で信念としてきたことは何ですか。
・あなたの人生の核にある自分の生き方を方向付けている価値観や原則は何ですか。
・どのようなことのために頑張ってきたことが嬉しいですか。
・あなたの人生で重要だったことは何ですか。
・どのようなことに感謝していますか。
・もっとこうしていれば良かったという点は何ですか。
・どのような生活を送っている時が嬉しかったですか。
・あなた自身や自分が生きてきた人生について安らぎを覚えるのは、どのような生活を送っている時でしたか。
・あなたの生き方について、親しい友人たちは何と言っていますか。
・振り返ってみて、当時の年齢の自分に言葉をかけるとしたら何と言いますか。

振り返ってみるうちに、あなたの人生を網羅するテーマが見えてくると思います。それについて自分自身に問いかけてみましょう。

もしかしたら、あなたが人生で大事にしてきたのは、偽りのなさ、自発的であること、正直さ、誰も傷つけないこと、思いやりかもしれません。あるいは、親切であること、愛、感謝、平静な心、喜び、心地良さ、探究心、奉仕の心、あるいは精神的な統合を得ること、霊的な悟りを得ることだったかもしれません。人生において、あなたを導く星のような、基盤となる真の願いがありますか。

こうして振り返る作業をしながら、「心からの願い（大願）」を深く体感する（フェルトセンスが湧き上がってくる）ような言葉、あなたの人生を言い表す心に響く言葉を探してみましょう。そして現在形で、ポジティブな言葉で表現してください。

例えば、「私は愛を見つけるでしょう」と言う代わりに、「私は愛そのものです。考えごとをしている最中でも、何かをしている最中でも、いつの瞬間も愛を表していま す」と言いましょう。「私は人に信頼される誠実な人間になります」と言うよりも、「私はいつの瞬間も人に信頼される誠実な人間です」と言いましょう。

ポジティブな言葉は、脳のネットワークを刺激し、脳に到達しやすくします。明確化され、意識化された「心からの願い（大願）」は、そのままだと否定的な思考に陥りがちな脳の性質を是正する効果があります。願いを現在形で、現実として認識する時、あなたの脳はそれを、何か手に届きそうもない「現実的ではないもの」とは思わず、「当たり前のもの」として受け入れます。「心からの願い（大願）」は、あなたがそれをしっかりと感じて自覚し、真剣に受け止めた時、効果が現れます。

1. 「心からの願い（大願）」を書き出してください。
2. どんなイメージを使えば、「心からの願い（大願）」を表せるかを考えます。
3. コラージュを作ったり、絵を描いたりなど、「心からの願い（大願）」をアートで表現します。
4. 「心からの願い（大願）」を身体で感じ、それがあなたの内側に浸透していく様子をイメージします。あたかも本当に体験しているかのように。そして次第に身体とマインドの深いレベルに入り込んでいくのをイメージします。
5. 時々それを思い出して、それがあなたの中でどのように成熟していくか観察します。
6. 瞑想をする度に、そして日々の練習の際にも、「心からの願い（大願）」への決意を新たにしましょう。

ステップ3

真実を知覚する──インナーリソースを体感する

私たちの仕事は常に悪魔に向かって心を開いておくことだ。

──スティーヴン・レヴァイン

アイレスト・ヨガ・ニドラの深層に入っていくにつれ、激しい感情、思い、信念、過去の記憶、映像などが湧き上がってきます。時には深層心理の奥底にまで入っていってしまい、一体自分がどこにいるのかわからなくなってしまうこともあるでしょう。それはまた、中心も周辺もない計り知れない広がりを持つ、私たちの真髄の本質を探っている時にも起こるかもしれません。

このような体験は驚きと同時に不安や恐れも湧き上がらせます。しかし、これらの体験の最中でも、アイレスト・ヨガ・ニドラは、元々私たちが持っている安心感や安定した心——インナーリソース——を取り戻し、感じられるようにしてくれます。そしてそれにより、インナーリソースはいつも私たちの中に存在し、これまでもずっと存在していたのだということに気づくでしょう。

このインナーリソースは、決して失われることがない健やかさや喜びの感覚によってもたらされる、絶えず存在している静寂の土台を私たちに与え、どのような状況にあっても私たちを導いてくれます。

最初の頃は、インナーリソースの安らぎ、静寂、どっしりとした安定感、健やかさなどが、感じられたり、感じられなかったりするかもしれません。しかし次第に、他にどのようなことが起きても、絶えず存在する不変の本質を、これらに見出せるようになるでしょう。そして時間と手間をかけて、自らのインナーリソースを育て、慈しみ、いつも気にかけることによって、やがては私たちの内側に常に存在し、どんな時も「自分のことを覚えていてくれる」ものとして、体感するようになるでしょう。

安らぎを感じる特別な場所

大切なことは、アイレストの練習の最初にインナーリソースを見出すことです。インナーリソースは、必要な時は瞬時に、自分の内側に安心感や健やかさの感覚を与えてくれます。特に私たちが過去に経験した、心に深く残っている未解決の感情や信念、記憶の断片に出会った時、瞬時にインナーリソースに戻ることができるようにデザインされています。

瞑想をしている最中や毎日の暮らしの中で、感覚、感情、信念、記憶、体験など大変さを感じる時はいつでも、インナーリソースという安全地帯に即座に戻ることができます。そして、健やかさで満たされた、失われることがないインナーリソースを体感しながら、安心感、安定感、自信を再び取り戻すまで休みましょう。その後、取り戻した気持ちとともに、心に残っている苦しみや混乱に向き合い、解決していくことができるのです。

感情、信念、イメージ、記憶、その他の体験によって感情が高ぶり始めたら、私たちはインナーリソースに助けを求め、安心感や安堵感を得るようにします。そして、困難なことに再び立ち向かえるようになるまで、インナーリソースを感じ続けてください。

インナーリソースは、アイレストを練習している時だけでなく、日々の様々なことに追われている時でも、誰に会っていても、どこにいても、何かを体験している最中でも、気持ちをリラックスさせ、状況をコントロールできるようにしてくれるツールです。

初めは、私たちが想像の世界で思い描くイメージを、インナーリソースとして使うこともできます。そしてイメージしたものを、心から深く体感し、身体の内側の感覚としっかり結び付けます。

インナーリソースにアクセスするには、できるだけ多くの感覚のチャンネルを使いましょう。例えばインナーリソースが視覚的な映像の場合、その視覚的な映像を裏付けるような他の感覚のチャンネル、例えば身体感覚や感触、感情、思考、言葉、音、匂い、味も使い、関連付けましょう。

インナーリソースとして、私たちが以前訪れたことがある場所や、アイレストを行う時のために特別に作った想像上の場所と関連させることもできます。

またインナーリソースとして使うイメージに、私たちが愛し、大切にしていて、一緒にいると安全だと感じることができる人、動物、物を加えることもできます。あるいは以前、日常生活において、もしくはアイレストを行った時に、感じた健やかさや湧き上がった喜びの体験を使っても良いでしょう。

インナーリソースに関し、覚えておいていただきたい最も大切なポイントは、インナーリソースとは、私たちのマインドと身体全体で深く体感（フェルトセンス）し、安心感や平穏な心、安らぎ、静寂、健やかさを呼び起こしてくれるものであることです。それゆえインナーリソースを、瞬時に呼び覚ますことができる効果的なツールとして利用することができるようになるのです。

次に挙げるのは、深く心に刻まれた体験、感覚として、他の人たちが見つけたインナーリソースの例です。

・野原、あるいは森にある小川や川のほとり、または自然の中にある特別な場所に身を置いて安らぎを感じている。

・自分の好きなものに囲まれながら特別な部屋にいる。
・最愛の人とともにいる、友達や動物に囲まれている、あるいは自分の内面にあるポジティブなサブパーソナリティ［2］と一緒にいる。
・安心感、安定感、平穏、心地良さ、強さ、健やかさを感じることができる自分にとって意味のあるシンボル、または自然界にもあるような元型的なイメージ［3］を心に感じる。

1．毎回、アイレストを始める時、インナーリソースをゆっくりと心の中で育む時間を取ってください。

インナーリソースについて深く思い描けば描くほど、容易にかつ素早くそれを体感することができるようになります。

あなたのインナーリソースを、とても強く生き生きと感じられるようにします。そうすることで、アイレストの最中に、非常に強い感情や反応が生じた時であっても、同時にインナーリソースの安心感を感じ続けることができるようになります。

2．一日を通して何度か時間を作ってインナーリソースを思い返し、マインドと身体で体感してみましょう。

そうすることで、どのような場面や状況に置かれていても、「常に」インナーリソースにアクセスし、その感覚を思い起こすことができるようにしてくれます。どうぞアイレストでの体験を、あなたの普段の生活に生かしてください。

インナーリソースを見出す

インナーリソースは、心の中に、あなたが即座に戻れる変わることのない安心感、安らぎ、平穏、静寂、健やかさという体感（フェルトセンス）をもたらします。そこは健やかさ、くつろいだ気分の静けさ、安らぎ、平穏、安全、安心、安定感、リラクゼーション、静寂、そして均衡を心の内面にもたらす安らぎの場所、避難場所または内なる宇宙なのです。

インナーリソースとは体感（フェルトセンス）するものです。それによって、あなたはリラックスし、自分の体験を自分でコントロールできると感じるようになるでしょう。インナーリソースで最も重要なことは、あなたの身体とマインド、全てに、安心感、安全、くつろいだ気分を呼び覚ますことです。

インナーリソースを、あなたが即座に戻ってくることができる効果的なツールとなるように、あらゆる感覚のチャンネルを通じて感じ、できるだけ多くの感覚を取り入れて創りましょう。

例えば視覚を使ってインナーリソースの体感（フェルトセンス）を呼び起こす時は、知覚、触覚、感情、思考、言語、音、匂い、味など他の感覚様相と結び付けてください。くれぐれもインナーリソースは、単なるイメージではないことを忘れないでください。最初はインナーリソースを見つけ出しそこへたどり着くためにイメージは役立つかもしれません。しかしあなたのインナーリソースは、実はイメージではなく、身体で感じる体感（フェルトセンス）なのです。

インナーリソースを発見するための最も良い方法は、シンプルに「ありのまま」の自分を感じることです。それは誰もが経験する、普遍的な体感（フェルトセンス）です

（ユージン・ジェンドリン1982［4］）。

生まれた時から、また人生のあらゆる瞬間において「ありのまま」の自分は静かに、いつもあなたの内に存在しているにも関わらず、指摘されるまでは気がつかない存在なのです。

ここで少し時間を取って、あなたの人生を振り返って感じてみてください。そして「ありのまま」の感覚がいつもあなたとともにあったことに気づいてください。「ありのまま」の感覚は、あなたが直接体験する感覚であることに気づいてください。単純な「ありのまま」の感覚は、言葉で言い表すことのできない、しかし、あなたが何か別の体験をしているとしても、まぎれもなくそこに存在し、いつでも触れることができるものであることに気づいてください。

他の人が、自らの体感（フェルトセンス）を描写した次の言葉を読みながら、「ありのまま」の自分で体感（フェルトセンス）してみてください。

名状しがたいが確かにそこにあるもの……安らぎ……静けさ……自分の気持ちを

大事にする……存在……安心……愛すること……つながり……避難……安らぎの場……健やかさ

あなたの中のメッセンジャー

アイレストで「ありのまま」そのものを体感することによって、あなたがどんな状況においても、インナーリソースが確かにそこにあることを認識し、体感することができるようになったら、次は自分の内面に存在する、変わらぬ健やかさを発見するための五つの特別なメッセンジャーについて学びましょう。

これらのメッセンジャーには、直観、感情、思考、心象などが含まれています。あなたの身体の中に存在する自然なものであり、これらのメッセンジャーは、内なるフィードバック（反応）を提供してくれるので、たとえ日常生活の中にあっても、あなたはインナーリソースを見たり、感じたりすることができるでしょう。

第1のメッセンジャー

「ありのまま」の存在として、あなた自身を体感してみましょう。

単純にあなた自身が「ありのまま」でいる時、あなたは空間のどこに存在していますか？　その様子をどのように表現しますか？

例えばあなたの最も奥深い中心部はどこですか？　あなたの最も外側の境界線はどこですか？　あなたがただ「ありのまま」でいる時、自分というはっきりとした境界線はありますか？

第2のメッセンジャー

思考したり記憶に頼ることなく、あなたがただ「ありのまま」でいる時、あなたはどのように時間を感じますか？

第3のメッセンジャー

あなたがただ「ありのまま」でいる時、今、既に「ありのまま」でいるよりも、更に優れ、より完全になるために、何かを得る必要がありますか？

第4のメッセンジャー

あなたがただ「ありのまま」でいる時、今、既に「ありのまま」でいるよりも、より全てとつながりを感じるために、更に何か知識を得る必要はありますか？

第５のメッセンジャー

あなたがただ「ありのまま」でいる時、今、既に「ありのまま」でいるよりも、もっと完全で完璧な自分になるために、更に何か行動して達成する必要がありますか？

記憶や思考に頼ることなく、しばらく、ただ単純に「ありのまま」でいてください。「ありのまま」の存在としての不変性を感じましょう。

広々としている……永遠を感じる……調和している……完璧な……つながりを感じる……完成している……完全無欠の

人間であり、完全であること

「ありのまま」とは、人間の本性です。あなたがただ「ありのまま」でいる時に、一人の人間として「ありのまま」の完全性《Wholeness》、一人の人間としてのあなたそのものに気づくでしょう。そしてあなたは実際に、次のような人間の本性に気づくでしょう。

1. 広大《Spacious》

個人的に健全な自他との境界線を維持し確立するという必要性があり続けるとしても、あなたは広大です。

2. 永遠性《Timeless》

時間という観念が心理的に必要であるとしても、あなたは永遠です。

3. 超越《Beyond》

個人的な欲望が生じ続けたとしても、あなたは欠乏、ニーズ、困窮を超えたものです。

4. つながり《Connect》

個人的に客観的な情報や社会的なつながりを持ち続ける必要があり続けるとしても、あなたは全てと既につながっています。

5. 完全性《Wholeness》

どのような状況であっても、あなたの外も内も、完全で満たされています。

自分自身を修正したり、変えようとしたりする必要のない「ありのまま」の存在そのものとして、自分のインナーリソースを体感しましょう。

「ありのまま」の存在そのものであるあなたは、既にそして常に、広大で、永遠で、超越し、完全で、全てとつながりを持ち、満たされています。

あなたの核の部分は、既にそして常に、健康で完全です。

「ありのまま」の存在としてあなたのインナーリソースを、一日を通して体感することは、「ありのまま」としての感覚や自分の完全性を感じ、自分とつながっているという感覚を保ち続けさせてくれます。

あなた自身、「ありのまま」の存在、自分の完全性とつながっていると感じることで、疎外感、孤立感、孤独感を癒すことができます。


あなたのインナーリソースを少しずつ、頻繁に育んでください。一日を通してゆっくりと時間を取って、様々な場面場面で、変わることのない「ありのまま」の自分、健やかさのインナーリソースを体感してください。そうすることで、あなたは自分のインナーリソースをどんな時も、いかなる状況下にあっても、即座に戻ってくることができる「常にある、感じることができるもの」にできるのです。

アイレストの最中、あるいは昼夜問わず、あなたが強烈な感情、反応、信念、記憶などに圧倒される時は、いつでもインナーリソースに戻りましょう。穏やかさ、安全、安心感、自信を取り戻し、その感覚を保てるようになるまで、そして続けて困難、反発、痛み、苦しみ、困惑といった、心に残っているものと立ち向かい解決できるようになるまで、しばらくインナーリソースで休んでください。

ステップ4

真理をつかまえる——身体を感じる（ボディセンシング）

純粋かつ無条件に耳を澄ますことができれば、
身体は自ずから深い安らぎに至る。

——ジャン・クライン

「目的・意図」、「心からの願い（大願）」、「インナーリソース」が定まったら、次はステップ4に入ります。

私たちが、生まれ持つ広大な偏在的空間（あまねく広がる空間）とのつながりを失ってしまうと現れてくる身体の不調に対処するために、身体のコーシャ（層）（annamaya kosha／アンナマヤ・コーシャ）に意識を巡らせましょう。身体の感覚に、純粋かつ無条件に耳を澄ますことで、あなたの身体に備わった、生まれ持った内なる輝きを取り戻すことができるようになります。[12]

身体を感じるというシンプルな行為を通じて、あなたは生まれ持った身体的、心理的、精神的な活力を常に思い出させてくれる、生き生きとしたフィードバックの宝庫である自分の身体に、感謝の気持ちが湧いてくることでしょう。

輝く遍在性

あなたは、自分の身体の境界を定めているものは皮膚だと思っているかもしれません。ところが身体というのは実際には多次元の振動そのものであり、中心や周辺といった、あらゆる概念上の制限を超越して無限に拡張しています。

真髄には中心も周辺もありません。それは本来、遍在するものであり、あらゆる場所に同時に存在しています。残念ながら私たちは、自分たちの生き生きとした体験としてのこのことを忘れてしまっています。私たちは、自分たちの身体を輝く存在として形作っている、無限で多様な身体の感覚に麻痺してしまったのです。

そのため、病気は苦痛や痛みとして意識の表層に噴出するまで発見されず、気づかないままに何ヶ月、何年も進行し続けてしまうことがあるのです。私たちは通常、何かがおかしいと知らせようとして、身体がマインドに送ってくるささやかな信号になかなか気づくことができないのです。

情報の万華鏡

微細な身体の感覚を知覚できない時は、より目の粗い感覚が意識に上ってくるのを待たなければなりません。しかし残念ながら、そうした感覚に気づく頃には、身体的に、もしくは心理的に苦しめているものを治すことが、既に難しくなってしまっているかもしれません。

アイレスト・ヨガ・ニドラでは、肉体を構成している微細なエネルギーの共振と私たちを同調させます。私たちが、身体が常に発信している無数の感覚を識別できるようになっていくにつれ、振動の美しい神殿である身体の管理人として、自分の身体に合った適切な対応ができるようになっていくのです。

あなたが、自分の身体を微細な輝く振動として再び感じられるようになると、広大な情報であふれるフィードバックの世界へアクセスできるようになります。それにより身体的、心理的、スピリチュアル的なあなたの今の健康状態について、常に身体が発信する全範囲のメッセージを体感することができるようになります。私たちは身体が絶え間なく発信しているメッセージを、どうやって見つけ、迎え入れ、聴き取れば良いのかを忘れてしまっているのです。

私たちがその微細なフィードバックを「聴き取らない」と、より粗大な身体的あるいは精神的な症状をもたらすことを通じて、身体は合図の音量を上げるかもしれません。

ただありがたいことに、アイレスト・ヨガ・ニドラによって、私たちは身体が送ってくる、最も微細な合図でも聴き取れる、生まれ持った能力を取り戻すことができます。そうして、ヨガでいうところの「普通の人にとっては目の中に入った極小の塵であっても、ヨギーには大きな木の破片のように感じられる」境地に至ることができるのです。身体からの合図に気づき、それを迎え入れることができた時、病気になるはるか以前に、適切に行動し対処できるようになります。これは、アイレスト・ヨガ・ニドラが明らかにする数多くの奇跡のうちの、ほんの一例です。

ホムンクルス［5］

肉体に意識を巡らせる時は、最初から最後まで決まった順番で行います。ヨガの実践者たちが、何千年もの昔から緻密に描き出してきた経路を正確にたどるために、口から始めて足先で終わるようにします。

現代の神経生理学者たちも、肉体と脳の正確な相互関係を把握するため、電極を使ってこれらの経路について調査してきました。そして脳にある大脳皮質との間を行き来し、身体の特定の部位と相互に関連し合う無数の神経繊維の配置をマッピングしました。

アイレスト・ヨガ・ニドラの練習の最中、特にこれらの感覚が豊かな部分を重視しながら、肉体に意識を巡らせましょう。口から始め、耳、目、下へ向かって首から腕、手、指へ。次に体幹から下へ向かって骨盤、そして脚、つま先まで意識を巡らせていきます。

この順番で肉体に意識を巡らせる時、私たちは脳の感覚野と運動野におけるホムンクルスを同時にたどっています。肉体への意識を高めることで、同時に脳の活動へも深いリラクゼーションの効果をもたらすことができます。それによって、注意力喚起もリラックスも共にできる能力を高めることができるのです。

つまりアイレスト・ヨガ・ニドラでは、身体をリラックスさせることでマインドをリラックスさせ、マインドをリラックスさせることで身体もリラックスさせるのです。[13]

チャクラ

西洋科学には、感覚野と運動野に基づく身体の最も敏感な部分を、ピンポイントで説明するマップがありますが、ヨガにはチャクラ（サンスクリットの「cakra」＝「身体のエネルギーセンター」）という、エネルギー的に重要な部分を説明している別のマップがあります。

人体の七つの腺、および神経叢と関連付けられることが多いチャクラは、身体的、心理的、スピリチュアルな健康に関する精密な情報を絶えず私たちに提供し続ける、複雑に入り組んだ、驚異的なエネルギーのネットワーク（サンスクリットの「sūkṣma śarīra／

スークシュマ・シャリーラ」）です。こうした西洋および東洋のマップは、システマティックに身体に意識を巡らせるのに役立つ上、身体とマインドの両方に素早くかつ深いリラックスを確実にもたらしてくれます。

繰り返し何度も身体に意識を巡らせる練習をしていくと、ストレスは解消され、生き生きとした健康な状態がもたらされ、輝き、拡張する振動としての身体を取り戻し、生来の非二元の「ありのまま」の性質を目覚めさせます。

今はまだ、あなたは自分の手を、皮膚という壁の内側に閉じ込められた、チクチクするような感覚としてしか体感していないかもしれませんが、アイレスト・ヨガ・ニドラを行っていくと、自分の手が、全方向へと無限に伸び続ける、多次元的な振動の広大な場であることに気づくことでしょう。

ボディセンシングは、概念上の境界に制限されることなく、身体が、マインドでは知り尽くすことのできないほどに広大であることに気づかせてくれます。

最終的には、アイレスト・ヨガ・ニドラは、これがあらゆる物体の真理であることを明らかにします。物体は全て輝く振動が圧縮されたものです。そして全てのものは共に輝く「存在そのもの」であり、それ自身からそれ自身へと振動しているのです。あなたもアイレスト・ヨガ・ニドラの練習をしていくと、このことを理解するでしょう。

何も創り出さない、何も否定しない

アイレスト・ヨガ・ニドラの最中、身体とマインドに、自然に起きてくる現象を注意して見つめてください。その時、何も創り出そうとせず、何も否定しないようにしましょう。

アイレスト・ヨガ・ニドラは、自己変革が目的ではありません。聴くということ、迎え入れるということ自体がツールです。自分の全てと、人生を――あるがままに、そのまま以外であって欲しいと望まずに――どのように耳を澄ませて聴き、どのように迎え入れるかを学ぶプロセスがアイレストです。

私たちは、湧き起こってくるどのようなものとも、争ったり、それを超えようとしたりしません。感覚が生じる時に抵抗しなければ、ちょうど湖の水面に下の方から上ってくる泡のように、感覚は意識の中に泡立つように上ってきて消えていきます。それが消える時、私たちはその下にあるより深い層に気づくことでしょう。大切なことは、自分たちの体験を抑え込んだり、囚われたりしないことです。

アイレスト・ヨガ・ニドラでは、粗大な感覚から、非常に微細なレベルのエネルギーへと、自然に移行しながら進んでいきます。例えば、アイレストのステップ4の最中、粗大な身体の感覚を感じるところから、エネルギー的な身体を扱うステップ5の、より微細なエネルギーの動きに意識を向けるというところへと移行していきます。

ステップ5

真理を知る――呼吸とエネルギーを感じる

呼吸を理解する者は、時を経ずして解脱の恍惚を味わうことになる。
――『ゴーラクシャシャストラ』

肉体に注意を巡らせることは、輝く無限の振動としての身体を理解することにつながります。私たちがこの振動の場を体験していくにつれ、最初は粗大な感覚として受け取っていたものが、より微細なレベルのエネルギーへと変化していきます。肉体を生かし、命を吹き込んでいる、微細な呼吸とエネルギーのコーシャ（層）（prāṇamaya kosha／プラーナマヤ・コーシャ）を、私たちは自然に体感し始めます。

私たちの呼吸は、呼吸とエネルギーのコーシャ（層）と密接な関わりがあり、そのため私たちはここで呼吸に注視することで、肉体を生かしている呼吸とエネルギーのコーシャ（層）を探求するアイレスト・ヨガ・ニドラのステップ5へと、スムーズに移行していけるのです。[14]

まずは自分の呼吸に意識を向け、呼吸とエネルギーのコーシャ（層）へとつながり、それらを探っていきます。自然な呼吸に干渉することなく、その呼吸と一緒になって、呼吸の流れに従います。息を吸い、止め、吐き、止めるという呼吸の自然なサイクルを通して、身体が「自発的に呼吸をしている」様子を観察し体験します。呼吸を変化させるようなことは何もしません。ただただ、自発的な活動としての呼吸を意識し体験するだけです。呼吸に注意を向けることで、あなたは呼吸を促し肉体に命を吹き込んでいる微細なエネルギーに気づくことができるでしょう。

呼吸を数える

呼吸の自発的な動きを追いかけると同時に、呼吸を数えるようにします。
数えるという行為は、マインドフルネス、あるいは一点集中トレーニングの方法の一つです。私たちは、ある課題を達成するのに必要な時間、その課題に集中し続けられるように、マインドの力を養う必要があります。

例えば、不眠や不安を解消する、特定の病気にかかった身体を治す、仕事の課題をやり遂げる、あるいは真髄に目覚める（覚醒する）など、達成したい目標が何であれ、マインドはその「目的・意図」に注意を定めたまま、集中し続けることができなければなりません。呼吸を数えることで、やると決めたことに必要なだけの時間、気を散らすことなく集中できるマインドの力を育てることができます。

呼吸を数えていると、脈絡のない考えが浮かんで気が散ってしまうことでしょう。その時は、もう一度数え直します。そうしてまた数え出すと、再び集中が途切れます。そうして気が散ってはもう一度集中し直す、ということを何度も繰り返します。この数える練習を通じて、長時間気を散らさずに集中するマインドの力を鍛えていくのです。

あなたも練習をすれば、気をそらすような考えが次々と生まれてきても、注意力を維持し、集中できるようになるでしょう。集中力が身についたら、今度は身体の中のより微細なエネルギーの動きに注意を向けることができるようになります。

知覚し、呼吸する

あなたは最初、自分の呼吸の動きを、感覚の流れとして感じているだけかもしれません。しかし練習を重ねると、あなたの身体の中に自然に起こるエネルギーの微細な流れに気づくことでしょう。

ここで一つ概念として理解しておかなければならないことは、身体はエネルギーであるということです。アイレスト・ヨガ・ニドラは、この事実を体験を通じてあなたに気づかせてくれる練習です。

例えば、付属の瞑想のための音声で、左の鼻腔内および身体の左側の感覚とエネルギーの流れに注意を向けながら、息を吐いて吸うように促しているところがあります。その後、今度は、右の鼻腔内および身体の右側の感覚とエネルギーの流れに注意を向けながら息を吐いて吸うように促しています。

このようにして、あなたは自分の呼吸と肉体のエネルギーの流れを感じ、呼吸に伴う身体の動きを観察することを通して、マインドフルネスの練習を統合していくのです。

それはまるでガムを噛みながらお腹を撫でて、同時に頭を手で叩けと言われているようなもので、最初はそんなことなどできないと思うかもしれません。しかししばらくすると、私もそうであったように、あなたはこのシンプルな呼吸とエネルギーに注意を向ける練習をした結果がもたらす、素晴らしい身体的、心理的、スピリチュアル的明晰さを発見することでしょう。

ステップ6
真理を手なずける――感覚と感情を感じる

悪行と善行という想念を超えた向こう側にも世界がある。そこで会おう。
――ルーミー

あなたが身体を動かしているエネルギーの流れを体感するにつれ、より深い感じ方と感情の成分が意識の表層に自然に浮かんでくることでしょう。これは、あなたが感覚と感情のコーシャ（層）(manomaya kosha／マノーマヤ・コーシャ）が支配する領域に足を踏み入れたシグナルです。

ここでは、例えば「熱い」と「冷たい」、「軽い」と「重い」、「快適」と「不快」、「喜び」と「悲しみ」、「怒り」と「穏やかさ」、「力強さ」と「無力」など、自然に湧き上がってくる対立する感覚や感情を、意識の中に受け入れましょう（巻末の「対極の感じ方、感情、思考、イメージ、本質を学ぶためのワークシート」の例を参照）。

空間意識

この先を読む前に、次のことを試してみましょう。

・少しの間、右手の感覚に注意を向けます。
・次に、左手の感覚を感じるようにします。
・今度は、両手の感覚を同時に感じてみましょう。
・更に、手の感覚から、その感覚が起こってくる広大な意識そのものにあなたの注意を移してみましょう。

両手を同時に感じている時、あなたの「考えるマインド」には何が起こっているでしょうか？

思考が止まり、行為者としての感覚、もしくは「私」という感覚がいつの間にか消え、意識が様々な感覚を包み込むように拡張していく様子を観察してみましょう。

「考えるマインド」が静止すると、「意識」が前面に出てきて認識しやすくなります。あなたがそのことに気づくと、感覚は、それが湧き起こる場である「意識」を見事に指し示してくれているものだということが理解できるでしょう。このステップ6のコーシャ（層）では、身体のコーシャ（層）や呼吸とエネルギーのコーシャ（層）の呼吸で感覚を練習したのと同様に、対極の感覚や感情を練習します。

対極の法則

分離された自我（エゴ）の信念と同一化して生きる時、あらゆるポジティブと思われるものが、その対極のものに囚われている対極の法則に支配されています。そこでは、闇は光なしに、善は悪を抜きにして存在することはできません。苦痛も快楽、あるいは葛藤も安らぎという対極がなければ存在し得ません。

対極は、意識の統一的な枠組みの中で、互いを補完する極として生じています。対極のものは常にペアで存在し、私たちが対極となるもう片方を体験し超越することができないために、苦しみは続くのです。

感覚と感情のコーシャ（層）を探求していくと、あなたは自分の人生において体験するであろう、無数の感覚や感情を意識の中に迎え入れ、対極の感覚や感情を体験していくことでしょう。

例えば、「快適」を迎え入れたら、対極の「不快」も招き入れます。まずは「快適」、次に「不快」を迎え入れ、そして再び元の「快適」を、というように、この二つの感覚の間を行き来し、やがて最後に二つの感覚を同時に体感するところまで続けます。これを「熱さ」と「冷たさ」、「軽さ」と「重さ」、「快楽」と「苦痛」といった自然に湧き上がってくる感覚でも行ってみます。それから、対極の感情でも行ってみます。例えば「穏やかさ」と「安らぎ」の感情を感じてから、対極の「動揺」と「怒り」を探していっても良いでしょう。あるいは「嬉しさ」と「喜び」の感情を選び、それらと対極の「悲しみ」と「絶望」、「無力感」を見つけるのも良いでしょう。

このような対極の練習をしながら、特定の感覚や感情を、身体のどの領域で体感しているのかを探っていきます。例えば会陰部と脚は、多くの場合「安心」と「恐れ」、「安堵」と「不安」、「安定」と「不安定」といった対極の感覚、感情と関連付けられています。脚、骨盤、生殖器、太陽神経叢（みぞおち）、心臓、腕、喉、頭など、関連する部位に生じる感覚に注意を向けながら、これらの対極の感覚や感情の間を行き来してみましょう。

対極の練習をすると、あらゆる体験はそれを完全に受け入れる時、自分の根底をなす非二元の真髄の表現であり示唆であるという識別と洞察に目覚めていくことでしょう。

病と苦しみの連続と解消といった対極性は、変化をもたらす力を秘めており、アイレスト・ヨガ・ニドラは、この変化をもたらす力を大切にしています。その力は悟りにさえも使われます。

何も恐れない

無意識の中に蓄積され抑圧された未解決の感覚や感情は、身体とマインドに不安を引き起こします。

私たちには、感じたくない感覚や感情がたくさんあります。そうしたものが自分の近くに招かれざる客としてやって来ると、私たちは拒絶します。そうしたものが自分の内に現れてくると、たいていの場合、防御反応からそれを遠ざけます。

アイレスト・ヨガ・ニドラのプロセスは、こうした抑圧や嫌悪の部分を私たちが認め、迎え入れ、受け入れる手助けをしてくれます。いわゆる「ポジティブ」あるいは「ネガティブ」な感情が生じたら、それを拒絶するのではなく、向き合い、出迎え、迎え入れるのです。アイレスト・ヨガ・ニドラは、私たちに恐怖を感じることを恐れなくても良いこと、不安を感じることに不安になる必要はないこと、そして喜びに満ち、オープンであり無防備だと感じることに抵抗しなくても良いことを教えてくれます。

対極の感覚や感情をあるがままに迎え入れることで、それらはあるがままに生まれ、成長し、衰え、滅するという本来の段階を経て、最後は還るべき「ありのまま」の状態に戻り、溶けてなくなります。

感覚や感情は、一時的な現象に過ぎず、身体やマインドにおいて自然に生じるものなのです。アイレストは、強烈な感覚や感情のありなしに関わらず、生まれながらに持つ安定した状態へと私たちを導いてくれます。

首尾一貫した練習を続けていくと、やがてアイレストは、日々の生活の中で、常に自然に静寂が存在していることに気づかせてくれます。恐れを感じることも、喜びを味わうことも、もはや怖くなくなった時、あなたは自分の人生において何も恐れるものがないことがわかるでしょう。
今あるどのような感覚に対してもあなたがオープンである時、執着や嫌悪はもはやあなたの人生をコントロールせず、身体にもマインドにも深い安らぎと明晰さが湧き起こり、「ありのまま」として生きやすくなります。批判的な考えは衰え、自身や他者を思いやる愛が芽生えることでしょう。

以下は、アイレスト・ヨガ・ニドラの最中に様々な感覚や感情に触れることができたワークショップの後に、ある参加者が語ってくれたことです。

アイレストの最中に、ものすごく恥ずかしい考えや気持ちが湧き起こるなんて知りませんでした。性的な考えとか、口に出しては言えない身体の部位とか、感じるべきではないとされているありとあらゆることです！　少なくとも、私のような礼儀正しい女性には！
リチャードは、言葉それ自体が問題なのではなく、その言葉が呼び起こす感情、羞恥心や恥ずかしさなどが大切なのだと説明してくれました。でも、言葉はそれ自体が力と恥に満ちており、私はそのことを感じずにはいられませんでした。そうでなければ、私は自分の見たい部分だけを見て、自分に正直にいられなかったことでしょう。

こうした禁じられた部位を感じるたびに、心臓が高鳴りました。私は怖かったし、恥ずかしかったのです。しかし、間違いなく私はそれらを感じていました。感じないでおくことは、あまりにも苦痛でした。

「禁じられたものがなくなるまで、一体どれほどそれらを感じなければいけないのでしょう？　このことに終わりはあるのでしょうか？」と、私は思っていました。

そして私は多くの時間を、この口に出せないようなことを感じるために使いました。誰がアイレストは無上の喜びだなんて言ったのでしょう？　むしろ戦場に赴くような気持ちでした。

そして、これで何が得られたのでしょうか？

自分に正直に感じるがままにいたことで、私は強くなりました。自分の真実を避けることなく、そこから逃げたりせずに向き合う練習を行ったことによって、解放感を得ました。今私は、より楽に心地良く人といられるようになったことに気づいています。相手を避ける代わりに、羞恥心を感じることなく相手の目を見ることができます。

以前は、どうして自分が他の人といると居心地が悪いのか全くわかりませんでした。それがアイレスト・ヨガ・ニドラの最中、自分が分離しているような感じをもたらさせていた、自分自身の中で拒絶してきた部分、例えば性的な部分が、心の扉を叩いたのです。「迎え入れて！　私はあなた自身なの！　もう拒絶しないで」って。

私はこうした部分を迎え入れました。今ならリチャードが言っていた「お茶と会話」に参加したがっているメッセンジャーたちの意味がわかります。私が拒絶しているもの、それらは私自身に他ならないのですが、それらがしきりに心の扉を叩いてきたとしたら、それらは私が癒され、完全であると感じられるように、私に迎え入れてと頼んできているということなのです。

自分の必要に応じて練習をカスタマイズしましょう

アイレスト・ヨガ・ニドラのプロセスに慣れてくると、あなたの個人的なニーズに合わせて練習をカスタマイズしたくなるかもしれません。

例えば、感覚と感情のコーシャ（層）の練習の準備をする時は、あなたがありのまま感じることが難しいと思う感覚や感情をいくつか選ぶとともに、楽しく体験できるものもいくつか選ぶと良いでしょう（巻末の「対極の感じ方、感情、思考、イメージ、本質を学ぶためのワークシート」の例を参照）。練習を始める前に、対極の両方の感覚と感情を確認し、アイレストの最中にそれらについて練習します。

例えば、付属の瞑想のための音声「練習3：感覚と感情を迎え入れる」を聴いている時、私が使っている感覚や感情の言葉を、あなたが決めた言葉と置き換えて、あなたのニーズに応じた練習内容になるように工夫するのも良いでしょう。

分離という幻想

二元性は、対極する全てのスペクトラム（範囲）からなっており、そしてそれは真髄の統一的な場の中に湧き出るものです。非二元性である「ありのまま」の存在そのものを、感覚と思考が個別のものに分ける時、二元性が生じます。それはごく自然な感覚とマインドの機能です。ただ、この分離が本物だとマインドが信じてしまうと問題が発生します。分離が本物であり、それが存在する唯一の現実だと信じた時、苦痛と葛藤がともに生じます。

アイレスト・ヨガ・ニドラは、この分離という幻想を癒す有効なツールです。対極のものを迎え入れることに焦点を絞ったアイレストの効力は、葛藤、不安、恐れ、不満、苦痛を取り除くことは、分離を本物だと思う信念を癒すことなしには決して払拭できないという洞察に基づいています。

例えば、「喜び」か「悲しみ」、「羞恥心」か「自由な心」のように、対極の片方しか体験しない時、私たちは自分の体験から逃れられず、前に進むことができません。感覚、感情、信念など対極のもの（例えば「喜び」と「悲しみ」、「羞恥心」と「自由な心」など）の全てのスペクトラム（範囲）を体験することを学ぶことで、私たちは信念や体験からくる制限を解き明かし、乗り越えることができます。

私たちが自分の体験から目を背けるのを止め、対極の感覚、感情、信念の全てのスペクトラム（範囲）にオープンになると、自ずと身体的、心理的、スピリチュアル的な統合がなされます。

自我同一視が、分離を持続させる

自我（エゴ）とは、世界を自分とその他に分ける、分離のマインドが生み出したものです。自我同一性は、対極するもの同士の相互依存を認めません。なぜなら認めてしまうと、分離した存在を否定することになってしまうからです。

そこでマインドは、自我（エゴ）として、様々な対極するものに執着するか、避けようとします。そして不協和音を生じさせ、苦痛を生み出します。それは対極する一方の極を取り除こうとするどのような試みも、葛藤を引き起こさざるを得ないからです。変わらなければならないということを前提とする瞑想法は、終始葛藤から逃れることはできません。自分自身以外の何者かにならなければならないという考えは、自分の何かが間違っていて、それを正さなければならないという考えを助長させます。こうした考えは最終的には上手くいきません。それは分離のマインドが生み出したものだからです。

あなたは「喜び」と「悲しみ」、「羞恥心」と「自由な心」、「悲哀」と「幸福」、「恐れ」と「安らぎ」など、あらゆる人生の感覚、感情を迎え入れることで初めて、対極するどちらも超越し、真の自由を見出すことができるのです。

「べきだ」の圧制

マインドは元々、その時々の考えや感じ方、感情などと同一化しがちです。マインドは、自分を「独立した自我（エゴ）」であると深く信じ込んでいます。この信念は、「私（あなた）は……べきだ」と表現、認識される脅威に対し、防御反応を生み出します。これら「べきだ」の圧制は、どのような対極のものであれ、その一方に偏る傾向があり、不安定な気持ちを維持するためのマインドの手段なのです。

例えば、罪悪感や羞恥心にしがみつくと、有効な行動を起こすことができなくなります。絶望にしがみつけば、喜びによる解決を妨げます。対極するどちらか一方にだけしがみつくことは、「独立した自我（エゴ）」という信念を持続させるのです。

対極のものを迎え入れる

アイレスト・ヨガ・ニドラでは、意識の中にある全てのものを迎え入れることを強調しています。精神的なものごとが浮び上がってくる時、それとともに浮かんでくる感覚、感情、信念も共に体感しましょう。あなたが迎え入れる態度を育んでいくと、隠されていた防御反応が露わになります。迎え入れるという行為は、混沌や混乱、圧倒されたり脅威を覚えたりする感覚、感情、信念との共存を拒絶する、自滅的なパターンに対する洞察力を呼び起こします。

迎え入れるという行為は、自我（エゴ）が行うものではありません。迎え入れるという行為は、あなたの生来の非二元の「ありのまま」の本質なのです。

初めのうちは、あなたは「自分」が迎え入れる行為を「やっている」と思っているかもしれませんが、アイレスト・ヨガ・ニドラを行っているうちに、迎え入れるという行為は、あなたの真髄であり、常にあなたは「ありのまま」であることに気づくことでしょう。

対極のものを迎え入れる時、意識は迎え入れるという行為、その本質そのものの形や実体が何であるかを探求することに集中することができ、静寂さを体験します。そして、変化する意識の中身に焦点を当てることから、迎え入れる「存在そのもの」に、重点がシフトします。背景にあった「存在そのもの」が前景に移動し、「目撃するもの」と「目撃されるもの」、「主体」と「客体」が共に現れます。

ステップ7

真理を得て、真我に還る——思考を感じる

思考の本質を調べれば、マインドは消えるだろう。
考えが変わることがあっても、自分自身は変わらない。
——ラマナ・マハルシ

対極の感情を探求していくと、信念、イメージ、そして全体のストーリーが自然と浮かんできます。これは、私たちが思考と認識のコーシャ（層）（vijñānamaya kosha／ヴィグナーナマヤ・コーシャ）に足を踏み入れた証です。

ここでは、無意識の個人的、集合的、原初的な力に関連する信念、イメージ、記憶が生じます。これらの信念やイメージは、ポジティブな思考やイメージ、記憶から、非

常に暗くネガティブなものまで、広範囲にわたる多種多様なものです。

好ましく愛おしい記憶を、奥深くから呼び起こす信念や光景を体感することもあれば、混沌と破壊と死をひとまとめにしたようなものを体感することもあるでしょう。

以前と同じように、ここでも意図的に、ポジティブな信念やイメージをネガティブなものと組み合わせ、どちらの側にいても、執着や抵抗を感じることなく心地良くいられるまで両方を行き来します。そして両方が同時に存在するようにします。すると、それらはこれまで考えたこともないような、高次元の理解によって解決されることでしょう。

アイレスト・ヨガ・ニドラの最中、私たちは、人生にもたらされる可能性がある、あらゆる体験を迎え入れることを学び、全てのものは真髄というダイヤモンドの一面に過ぎないということを、心の底から理解できるようになります。

マインドは「こんなものが『自分の真髄』の一面なわけがない！」と叫び、抵抗するかもしれません。マインドはそうやって一つのものをいくつにも分割し、対極の法則によって分離を維持しようとするのです。

ですがあらゆる状態は、それに最適な反応とペアとなっていることを忘れないでください。真理が腑に落ちれば、マインドの抵抗は消えてなくなります。すると、正しい行動がいつも現れるようになります。対極のものに抵抗するのを止め、どの瞬間においても迎え入れ、私たちのマインドが正しいと知覚した行動を取る時に、対極のものによって隠されていた、より深い真理が明らかになるのです。そして自分の真理が明らかになれば、真実は常に真髄の基盤を指し示す最高の指針となるのです。

真理のメッセンジャー

私たちの信念や期待には、ポジティブなものとネガティブなものという対極するものが含まれています。

あなたが予約をした時間にやって来るだろうと期待することで、私は一週間をリラックスした状態で効率的に過ごすことができます。これはポジティブな側面です。もしあなたがいつも遅刻をしたり、予約をすっぽかしてばかりだと私は苛立ちますが、その苛立ちは、私が抱いている期待をチェックする必要がある、と知らせてくれるメッセンジャーです。これもポジティブな側面です。

ネガティブな側面が現れるのは、毎週あなたは時間通りに来る「べきだ」、という期待に私のマインドがしがみついてしまい、あなたが「約束を破る」ことに対して私が怒った時です。そうなると私は、「自分の」期待ゆえに、あなたを非難することになります。私の苛立ちの原因は、私のマインドが期待にしがみつくことであって、あなたの行動とは関係ありません。

アイレストを通してあなたが思考と認識のコーシャ（層）を会得すると、対極する一方に執着、あるいは拒絶することが、あらゆる信念を分離、制限することを理解し、全てのネガティブとポジティブの信念を迎え入れ、探求するようになるでしょう。

そして、対極の思考、信念、期待、イメージなどに耳を澄ませることを学ぶにつれ、それらを常に真理と正しい行為を指し示してくれるメッセンジャーとして、迎え入れることを学んでいくことでしょう。

付属の瞑想のための音声を聴く時、巻末のアイレスト・ヨガ・ニドラのワークシートを使って見出したあなたの個人的な信念と対極する信念を用いるよう、私は勧めています。

信念というのは、例えば「時間は守るべきだ」といった単純な期待でも良いですし、あなたが長い間思い込んできているもの、例えば「私は偽物だ」、「本心を明かすのは危険だ」、「私は欠点だらけで価値がなく、誰からも愛されない」、「私の言うことに耳

を傾ける人などいない」、あるいは「私はいつでも正解がわかっている」などでも構

いません。一つの思い込みを確認したら、その対極のものとペアにします。「私は愛さ

れない」とペアになるのは「私は自分を愛し、評価している」かもしれません。また、

「私はまだ足りない」とペアになるのは「私はいつでも自分のできる限りのベストを尽

くしている」かもしれません。

アイレスト・ヨガ・ニドラの間、スーザンは羞恥心と倦怠感を、執着したり突き

放したりせずに、迎え入れることを学び続けました。数分後、それらの対極のもの

を探していると、彼女の身体が活力と生命力に満ちあふれていた五歳の頃を思い出

しました。

彼女は、執着することなくそれらの感覚を迎え入れました。そしてスーザンは、羞

恥心と自由な心という対極に注意を往復させ始めました。何度か往復した後、対極

のものを同時に体感しました。

彼女は無力感や混乱からくる羞恥心に圧倒される感覚を感じながらも、生命力や

天真爛漫さを体感することで、統合性を取り戻していきました。

スーザンは後に、羞恥心につながる記憶を体験しているのにも関わらず、対極の

ものを体感すると、自由な心と活力を取り戻し、体感することができ、活力が変化していくのを感じたと報告しています。

アイレストの後のスーザンは、新たに発見した自信がみなぎり、自分と自分の記憶を愛おしいと感じる慈しみの気持ちにあふれたと語っています。

信念は、それに伴うイメージや記憶と結び付けることが重要です。人生にどのようなものがやって来ようとも共に過ごすことができる生まれ持った能力を取り戻すために、アイレストの最中は、意図的に不快な記憶やイメージを持ち込みます。私たちは、心をかき乱す混沌と混乱の波を止めることはできませんが、そうした波を乗り越えていく技術を身につけることはできます。アイレストの練習とは、例えていうならば、ヨット（道具）とインストラクター（教えてくれる人）とレッスン（練習）がひとまとめになったものなのです。

素敵なサプライズが待っているかもしれません。真髄がもたらす創造性に満ちた答えに、あなたは喜び、不思議がり、驚嘆することでしょう。

真髄の本質性

アイレストのこのステップの最中、感謝、愛、慈悲（巻末の「対極の感じ方、感情、思考、イメージ、本質を学ぶためのワークシート」参照）など、「真髄の本質性」を迎え入れ、心から感じてみましょう。

例えば、「私の意思ではなく、大いなる意思によって」というフレーズによって湧き起こってくる感覚に心を委ねることで、自己を超越した意思の本質を体感してみましょう。

あるいは、「私は慈しみそのものだ」という慈しみを感じ、その対極である嫉妬や批判も共に感じてください。

「真髄の本質性」とその対極を探っていくうちに、無意識の深みの中に残る澱《おり》が解放され、意識の中に泡のように浮き上がってきます。こうした澱が意識の光の中に出てきて、快く迎え入れられると、それは膨張し、融解し、その源である真髄が明らかになります。ストレスや緊張、葛藤の澱が解放され、くつろぎ、安らぎ、喜びの感覚に置き換わっていきます。

ステップ8

真理を超越する──歓喜を感じる

全てをあるがままに快く迎え入れた時、愛が芽生え、喜びがあふれる。
なんと不思議で、驚きと嬉しさに満ちたことだろう。

──リチャード・ミラー

願望、快楽、安らぎ、喜びなどの感覚、感情の動き《movement》に出会うと、私たちは歓喜のコーシャ（層）（ānandamaya kosha／アーナンダマヤ・コーシャ）の領域に入ります。それらに関連する対極のものを呼び起こすことで、こうした動きを意識の中に解き放つ手助けになります。ただし、最終的にアイレスト・ヨガ・ニドラは、喜びさえも含む、感情、信念、記憶などあらゆる動きから独立した、真の静寂が存在することを明らかにします。

私たちの習慣はそうでないというでしょう。例えば喜びは、おもちゃ、恋人、車、チョコレートなど何でも良いのですが、そうした何らかのものを所有することに左右されると教えられてきました。しかし、真の喜びに満ちた静寂は、私たちの生まれながらの特権であり、たとえ分離のマインドによって覆われ隠されていても、常にそこに存在しているのです。

真髄を誤って認識すると、満足するか否かは状況次第だ、という考えや感情と、同一化して生きることになります。自分には何かが欠けていて、幸せになるために行動しなければならないと思い込んでいる時は、あなたは真髄から離れてしまっており、そんな時はメッセンジャーが扉を叩いて、幸せは何かに左右されるという思い込みに囚われているという合図を、あなたに送り教えてくれます。

喜びに満ちた静寂は、既に私たちそのものなのですから、永続する喜びと安らぎをもたらす体験を探し求めるのは的外れです。

歓喜のコーシャ（層）を探っていくにつれ、対象物に一切左右されない喜びを学び、発見することでしょう。そして、たとえ心が非常に乱れる困難な状況の中にあっても、静寂は常に存在している、ということを悟るでしょう。

アイレストのこのステップの最中、喜びや安らぎ、満足感などを感じることができる記憶を思い出しましょう。そしてそれらの記憶を手放しましょう。そして変化し続ける体験とは別に、常に存在している静寂を認識することを学びましょう。

ソニアは自分が本物であるべきだ、という恐怖に押しつぶされながら生きています。「正しい行いをしてさえいれば、愛してもらえる」と、信じているのです。自分を信じられず、「取るに足りない、無価値で無能な」存在だと感じています。分離や無力感と同一化した人生を生きているのです。アイレストを通じて、ソニアは、「大」と「小」、「意欲」と「無気力」、「有能」と「無能」などの、対極のものに注意を向けることを通じて、孤立感や親密感をいずれも許容できるようになりました。「目撃しているありのままの存在」であることに少しずつ慣れてくると、あらゆる体験を受け入れる器の容量も大きくなっていきます。対極の感覚を同時に体験することで、ソニアは突然、「今のままの私で大丈夫なのだ」ということが腑に落ちました。

彼女のアイデンティティは、厳しく批判的な判断をする独立した自我（エゴ）が批判しても、反応することも防御的な拒絶もせず迎え入れる「ありのままの我《I-ness of Being》」へと突然変容しました。

自分自身とのつながりを感じるにつれ、疎外感は消えてなくなりました。ソニアは、「ありのまま」の自分を受け入れることを新たに発見し、喜びを感じるようになりました。しかしソニアにとって何よりも驚きなのは、喜びと自己受容は、幼児の頃から「ありのまま」の静寂として、常にそこに存在していたということに突然気がついたことです。彼女は、自分の意識の表層を占領していた考えや感情と自己を同一化していたため、「ありのまま」の静寂に、ただ注意が向かなかっただけなのです。


このような静寂は、最初、私にとってなかなか理解しがたいものでした。どうしたら喜びと落ち着いた心が、抑うつ、悲哀、怒り、疲労といった感覚とともに存在することができるのかわからなかったからです。

しかし疑いを抱きつつも、信じる心を持って、私はひたすらにアイレストの練習をし続けた結果、いにしえの賢人たちが教えているように、静寂と喜びはどのようなものが他に存在していても、左右されずに存在するということを悟りました。

アイレストは、私のマインドが強く否定するものに気づかせてくれました。だからどうか信じることを止めず、安らぎと静寂が「ありのまま」の根本にある一部なのだ、ということが腑に落ちるまで、諦めずにぜひ続けてください。そして会得したら、この素晴らしい智慧を他の人々とも分かち合ってください。

ステップ9

超越された真理と自己——自我（エゴ）を感じる

探求を通してマインドは静けさに没頭し、悟りは自ずから生じる。

——『ヨガ・ヴァーシスタ』

あなたは体験すること全てを認識しています。感覚や感情、思考、快楽などが意識の中を行き交います。アイレスト・ヨガ・ニドラは、意識の中を行き交う対象と、意識そのものの違いを見分けることができる識別の技（サンスクリットの「vivekakhyāti／ヴィヴェーカキャーティ」）をあなたに教えてくれます。

あなたはこの繊細な識別力を取り戻すことで、アイレストの重要な分岐点である自我（エゴ）と目撃者のコーシャ（層）（asmitāmaya kosha／アスミタマヤ・コーシャ）に入ります。

このステップでは、意識の中を行き交う無数の感覚、感情、思考、イメージを目撃、体験し、私たちが自分自身だと思い込んでいる「独立した自我（エゴ）」の本質について考察します。

収束の大転回

アイレストのこのステップでは、今までは外側の対象に向けられていた注意を自分自身に向け直して、別個の目撃者と信じ込んでいる「私」の本質を探求してみましょう。私はそれを「収束の大転回」と呼んでいます。

目撃者が向きを変え、迎え入れる側が自らを迎え入れる時、とてつもない気づきが得られます。別個の目撃者と同一視されていた分離した自我（エゴ）は、「目撃しているありのままの存在」の中に溶けて消えていきます。

「ありのまま」の中では、自我（エゴ）という思考は維持できません。自我（エゴ）は自らの「源」、「ありのまま」の存在の中に溶けて消えていきます。

これをあなた自身で体験してみてください。しばし立ち止まって、ただ「ありのまま」として存在してみるのです。具体的な感覚や音や光景に意識を向けないようにしてください。ただ「ありのまま」としてオープンでいましょう。

マインドが止まり、考えることが消え、「ありのまま」に溶け込むのを観察しましょう。こうしたことは熟睡状態で起こります。境界が溶けてなくなり、どんどん広がっていきます。実際には「あなた」が膨張しているわけではありません。「あなた」は、これまでずっとそうであったもの、永遠で無限で広大な「存在そのもの」に立ち戻っているに過ぎません。

愛、身体の中の「私」というもののありか

アイレストのこのステップでは、変化する自我（エゴ）、すなわち時間と空間に囚われている身体、それと時空を超越した私という「存在そのもの」、「我という《I-ness》感覚」との違いを識別することを学びます。

アイレストの間、心の中で「私……私……」と繰り返しながら、この言葉の音が身体のどの場所に響くのかを感じてみてください。最初は「私……私……」は頭の中で感じられるかもしれません。思考との同一化は脳で生じ、分離を維持させます。

代名詞である「私」は、マントラ、音声ツール（サンスクリットの「mantra」＝マントラ「分離を超越するために使われる音声ツール」）としては一般的ではありません[15]。しかし適切に利用すれば、分離を生み出す「我という考え《I-thought》」とマインドとの同一化を防ぐツールになります。

以下の実験をしてみましょう

次のようにあなたの名前を心の中で繰り返しつぶやきます（私の名前の代わりにご自分の名前を使ってください）。

「私はリチャード……（間）……私はリチャード……（間）……私はリチャード……（間）」

このようにあなたの名前を唱えることで、分離した対象として、あなたのマインドの同一化を深めます。

次に、名前を抜かして同じことを心の中で繰り返しつぶやいてみましょう。

「私は……（間）……私は……（間）……私は……（間）」

感じ方と同一化が、頭からハートへ降りていくわずかな変化に注意します。

次に、「は」を抜かして、心の中で次のように繰り返しつぶやいてみましょう。

「私……（間）……私……（間）……私……（間）」

次に、マインドが入ってきて変えてしまう前に、「私」も取り除き、ただ存在します。再び広がっていく解放感の微妙な変化に注意します。

「私」という代名詞をこのように使った場合、「私」という代名詞は、自己探求の火を絶やさせないための火かき棒の役割を果たしてくれます。最終的にはそれさえも「ありのまま」の炎によって焼き尽くされてしまいます。

全ての言葉は「ありのまま」を指し示すのですが、中でも「私」は最も優れた指針です。

脳の中に思考が生まれ分離を生じさせる前、私たちは分離していない「ありのまま」

として生きています。そしてそれは、通常はハート《heart》とつながっている愛情として身体と共鳴しています（サンスクリットの「anāhata／アナーハタ」＝「物質が触れ合うことなくして発せられる音、純粋な『ありのままの存在』の音」）。

アイレストは、他に依存することなく、独立して存在する「愛」に気づく能力を育ててくれます。「ありのまま」の本質または真髄は、「愛」に言い換えることができます。

あなたは自我（エゴ）と目撃者のコーシャ（層）を探っていく中で、「私」の感覚の源まで遡り、思考が世界を「自己」と「他」に分ける前から、そして「我という考え」が生まれる前、その最中、その後もそこにある、まさに私という「存在そのもの」、「愛」を見出すことでしょう。

赤裸々な真理

「我という考え」が「愛」の中に溶けてなくなると、私たちは「私」を「ありのまま」の裸の状態で認識する、「収束の大転回」の究極の効果を体験します。

「ありのまま」の存在を知るために分離した自我（エゴ）は必要ありません。自我（エゴ）と目撃者のコーシャ（層）の気づき、つまり同一化から目覚めることで分離はなくなります。

分離はパラドックスであることに気づくでしょう。あらゆる「もの」は、金でできた物体に例えることができます。金の指輪、金のブレスレット、金の盃、金の皿など、それらは異なる姿形をしていても、その元となるものはただ一つ、金です。

同様に、木々や人々、動物たち、山々、惑星や星々は、見た目は異なっていても、それらの元となるものは究極的にはただ一つ、真髄です。

身体もマインドも、「ありのまま」の存在の一部に過ぎません。

六つのコーシャ（層）との同一化を止めた時、「ありのまま」の存在の覆いが外され、光を放ち、自らの姿を映し出す、無限の側面を持つ自分自身に気づくことでしょう。

私たちは、別個の対象を観察する、別個の目撃者ではないのです。これはパラドックスであり、論理が破綻しています。なぜなら、認識する「私」が、認識される「私」と分離していないからです。あなたが気を散らすことなくこのパラドックスを体験すると、分離の構造全体が崩壊します。マインドが作りあげた別個の目撃者は、目撃者でも、目撃されるものでもない、「ありのまま」の存在の中に溶けて消えていきます。

観察することだけが残るのです。認識することだけが残るのです。二元的な対極はそれらの基盤である「ありのまま」に分解され戻っていきます。主体と客体が互いの中に溶けていく時、永遠の私という存在そのものだけが残されます。観る主体なしに観るのです。迎え入れる主体なしに迎え入れるのです。行う主体なしに行うのです。もう分離はどこにもありません。

恩寵（グレース）

真髄は見え隠れするもので、真髄が見えたと思った瞬間に消えてしまうことがほとんどです。真髄を頻繁に垣間見るようになると、やがてその「ありのまま」として長く存在するようになり、いずれは悟りへと至ります。根本的な変容をもたらす永遠の瞬間の中で、「ありのまま」の真実そのものが完全に明らかになります。しかし、そこに至っても、「ありのまま」の真実の中で最後の疑心が消えるまでには時間がかかります。

真髄が垣間見えたとしても、自分という主体を、別個の行為者だと改めて主張するのが、ごく自然なマインドの反応です。しかしこれが悟りの境地に至ると、そうした思考の癖があからさまにわかるようになります。

探求を続けることで、分離した自己を信じるマインドの最後の残滓も溶けてなくなり、絶え間なく「ありのまま」に留まり続け、やがてそれが当たり前になります。そこに至れば、概念化されることのない非二元的な存在としてのあなたの真髄が明らかとなった、アイレスト・ヨガ・ニドラの永遠の状態を生きることになるのです。

そこに至るまでにも、真理を垣間見ることができるのも、真髄を忘れてしまうのも、そして悟れるかどうかも、「練習は嘘をつかない」と、あなたのマインドは全てあなた次第だと騙し、惑わせるかもしれません。

しかしこれは誤った考えです。全ては「二つではない」（サンスクリットの「advaita／アドヴァイタ」＝「二つでない」）ということを悟った時、練習を行う根拠となる分離した自我（エゴ）、もしくは行為者などというものは存在しないということに気づくからです。[16]

全てが恩寵（サンスクリットの「anugraha／アヌグラハ」＝「恩寵」）、それは真髄のもう一つの特質なのですが、として認識されます。

恩寵はあまねく存在します。全てが恩寵だからです。

どんな岩も、木も、全て恩寵です。あらゆる感覚、思考、感情も恩寵です。忘れることも、覚えていることも恩寵です。悟りたいと思うこと、それを実現する能力も恩寵です。悟りが得られないこともまた恩寵です。苦しむ子供も、喜ぶ子供も恩寵です。平和も恩寵であり、戦争でさえ、恩寵の一側面なのです。

全ては恩寵である、という認識とともにやって来るのが静寂であり、これもまた恩寵として認識されます。恩寵とはあらゆる状態であり、その状態に対する完全な反応をも含むものです。このことを理解し心から実感すると、苦しみは消えてなくなります。なぜなら苦しみはマインドが恩寵に反論し、恩寵は特定の条件下でのみ恩寵たり得るのだ、という誤った主張をした時にしか生まれないからです。

アイレスト・ヨガ・ニドラは、練習への欲求や意欲だけでなく、最終的に真髄に気づくことも、恩寵の活動であることを明らかにします。分離の思考をもたらすコーシャ（層）が、一つまた一つとはぎ取られていくと、私たちは「それが何なのか」と、それに対する自分の正しい対応に気づき、どの瞬間も、どれもが恩寵であることを理解します。

「そして真実があなたを自由にする」という言葉にあるように、その瞬間ごとの真実そのものを生きることに勝るものはありません。もちろん、他のあらゆることを試してみても構いません。試すのは自由です。自由もまた恩寵ですから。

しかしあらゆる方法をやり尽くした後、自分以外の何者かのふりをすることなく、この瞬間をただあるがままに迎え入れた時、いかに人生はシンプルであるかということに気づくでしょう。

これが恩寵であり、アイレストの最終到達点です。

これ以上シンプルで簡単なことがあるでしょうか？

これ以上重要なことはあるでしょうか？

それなのに、世界中で一体何人の人がこのことを理解しているでしょう？

そして、これ以上必要なものはあるでしょうか？

ここで、様々なコーシャ（層）を探求する中、それぞれのステップで起こったことを振り返ってみましょう。

・身体のコーシャ（層）を探ることで、身体に実体はないという結論を得ました。身体は中心も周辺もない、無限に広がる振動そのものなのです。

・呼吸とエネルギーのコーシャ（層）を探ることで、身体は流れゆく無限のエネルギーだということに気づきました。
・感覚と感情のコーシャ（層）、そして思考と認識のコーシャ（層）を探ることで、私たちの感情や思考は、空間意識の背景の上に重ねられた、一時的な現象に過ぎないことに気づきました。
・歓喜のコーシャ（層）を探ることで、あらゆる体験から独立して存在する、静寂の広大な広がりに気づきました。
・自我（エゴ）と目撃者のコーシャ（層）を探ることで、私たちは「これらを体験しているこの『私』とは一体何者なのか？」、「これらの身体の感覚、エネルギーの流れを認識しているのは誰なのか？」、「これらの感情、思考、イメージを認識しているのは誰なのか？」といった根本的な問いを探求しました。自我（エゴ）の領域で、自然、物質、認識する「私」の実在について精査していきました。

ステップ10
源に到達する――真髄として、自然にあるがままを生きる

あなたは自分がここにいて、
真の自己はどこか別の場所にいるかのように話しています。
真の自己は、今、ここにいるのです。あなたは常にそれそのものなのです。
――ラマナ・マハルシ

六つのコーシャ（層）との同一化は、『裸の王様』の「新しい服」と似ています。[17] 誰もがあたかもそれが実在するかのようにふるまいますが、実際はマインドがでっちあげたものに過ぎません。分離は思考の投影でしかなく、マインドの仕事は「一つのもの」がまるで複数に分かれているかのようなふりをすることなのです。

「私という夢」から目覚めることで、あらゆる「もの」が非二元である「ありのまま」の表現であることが明らかになります。それはダイヤモンドの複数の面が、ダイヤモンドそのものから切り離すことができないのと同じで、私たちが見て、触れて、味わい、聞き、匂いを嗅ぎ、考えるもの全てが「一つのもの」の側面なのです。

「ありのまま」とは、瞬間瞬間における「そうであることらしさ」でもあり、「それらしさ」でもあり、生命が芽生える土壌なのです。

「ありのまま」の本質的な姿勢は、「迎え入れる」ことです。あらゆるものをあるがままに迎え入れるのです。なぜなら、あらゆるものは「ありのまま」の表現だからです。

「ありのまま」とは、どの瞬間においてもそれ自身を迎え入れることです。それ以外にはあり得ないのです。「一つのもの」としての「ありのまま」の存在として生きる時、私たちはどの瞬間も、人生がもたらすものに対して分離や隔たりを感じることはありません。

このことを、フレデリック・フランクは「ろうそく、鏡、全体性について」の話で見事に説明しています。[18]

約千四百年前、武則天（則天武后）という素晴らしい女性が中国を統治しました。彼女は、人智が生み出した最も深遠な洞察の一つである新しい仏教が説く、世界を全体として捉える思考に深く傾倒しました。

日本でいうところの華厳宗（サンスクリットの「Avataṃsaka／アヴァタンサカ」）の賢人たちは、全体を見据えて、全ての宇宙は生まれては消えていく相互依存と相互浸透のプロセスからなる単一の生命体として捉えています。

こうした宇宙観について説明した文献の内容は非常に複雑であったため、武則天は華厳宗の祖師の一人である法蔵（643-772）に、この複数の宇宙の相関、唯一のものと万物の関係、神とその生き物たち、そして生き物同士の関係について具体的かつわかりやすく示して欲しいと頼みました。

法蔵はさっそく仕事に取りかかりました。宮殿の一室に手を加え、方位磁石が指す八つの方向に鏡を立てました。更に二つの鏡を用意し、一つは天井に、もう一つは床に設置しました。それからろうそくを一本、部屋の中央の天井から吊るしました。武則天がやって来ると、法蔵はろうそくに火を灯しました。武則天は「なんと素晴らしい！　なんと美しい！」と声をあげました。

法蔵は十枚の鏡に映る炎の像を指さし、「陛下、ご覧ください。これが唯一のものと万物、神とその生き物たちの関係です」と言いました。武則天は「師よ、本当にその通りですね！　では、生き物同士の関係はどうなっているのでしょう？」と尋ねました。法蔵は「陛下、よくご覧ください。鏡はそれぞれ中央の炎だけを映しているのではなく、他の鏡に映る炎をも映し、無限の数の炎がそれぞれを埋め尽くしています。これらの反射像はどれも全く同じです。ある意味入れ替え可能だともいえますが、別の見方をすればそれぞれが独立して存在しています。これこそがそれぞれの存在とその周辺のもの、その他全てのものとの関係を示しているといえるでしょう！　とはいえ陛下、申し上げておかなければならないことがあります」と言い、更に続けて言いました。「これは世界において実際に見られる現象に類似する、静止したたとえに過ぎないということです。世界は無限であり、そこにあるものは全て永続する多次元的な動きなのですから。」

そう言うと法蔵は、無限の数ある炎の映像のうちの一つを隠し、一見すると些細な干渉が、いかに我々の住む世界の生命組織全体に影響しているかを示しました。よって我々は生命組織の今の状態を、遅すぎるかもしれないが、理解し認識し始めているのかもしれません。理解し始めているということです。華厳の教えでは、このような関係性を「一即一切　一切即一」と説いています。

このような洞察に基づく華厳の教えが「大悲心」です。大悲心とは、何やら神話的なものではありません。それは、あらゆる現象（もちろん自分自身も含まれます）は、空の一部であり、空から立ち上り、文字通り、一時的な形を取りながらも空を保ち、最後は再び空に取り込まれると理解する気づきのことです。それは、正義や不義、人間や動物だけでなく、植物や石に至るまでの万物に対する、最も深いながらも、感情とは無縁の、敬意と憐れみに由来する行為として、ごく自然に表現される気づきです。大悲心とは、もしかしたら聖霊と呼ばれるもののことなのでしょうか？

法蔵は、御前講義を締めくくるべく、小さな水晶玉を掲げて言いました。「それでは陛下、これらの大きな鏡と、そこに映り込む無数の映像が、この小さな玉に映し出される様子をご覧ください。究極の現実において無限大は無限小に、そして無限小は無限大に支障なく含まれるのをご覧ください！　ああ、妨げられることなく互いに浸透し合う時間と永遠、過去と現在と未来を陛下にお見せすることができたなら！　残念ながらそれは別の次元で把握するより他にない動的なプロセスなのです。」

華厳経では、永劫の時は一瞬に過ぎず、その一瞬は瞬間ではない、それゆえ人は真の世界を観ずることができると説いています。

「隠れんぼ」（見失ったり、また見つけたり）

「ありのまま」を理解して生きるまで、私たちのマインドは「なくしたもの探し」ゲームを続け、真髄は「隠れんぼ」をし続けます。

しかし、探すという行為自体が、最終的には真髄を理解する妨げになっていることに気づかなくてはなりません。なぜなら、私たちが探しているものは、既にある私たち自身なのですから。

自我（エゴ）は、自分を探し求める「餓鬼」です。鏡を見ても、そこには何も映っていません。無こそが本性であることに、なかなか気づけないのです。「我という考え」が「ありのまま」に同化すると、自分が無であると同時に全てである——自我（エゴ）は空っぽでありながら、あらゆることで満たされている状態——を生きていることに気づくことでしょう。

私が、「私という夢」から目覚めた時、声を出して笑わずにいられませんでした。私は長年にわたって孤独と空虚さを味わい、薬から精神療法、瞑想に至るまで、あらゆる手段を使って、その苦しみから解放されようと数十年の時を過ごしてきたのです。

私のスピリチュアル・メンターであるジャン・クラインに出会った時、彼の最初の言葉は「探していること自体が、あなたを解決から遠ざけています」でした。

私は彼の導きによって探すことを止め、あるがままでいることを学びました。その導きとヨガ・ニドラの助けを得て、安定して「ありのまま」の静寂の中にいられるようになっていきました。

それは深夜二時頃のことでした。私は眠ることができず、ベッドから降り庭に出て、ドアのそばの芝生に座り、星がきらめく夜空を見上げていました。そうしていると突然、予想だにしなかったことに、そしてファンファーレが突然鳴り響くような劇的なこともなく、私の真髄と、あらゆるものを生み出している「ありのまま」の本質を、あっさりと理解することができたのです。

その永遠の一瞬の中で、あらゆる分離の感覚が消えてなくなりました。自我（エゴ）は思考の産物に過ぎず、何もかもが私なのだという真実に気づいたのです。それとともに、孤独と空虚さと探し求める感覚は全てなくなり、代わりにやって来たのは、どんな危機や喜びが自分の人生に現れたとしても、それとは無関係に、変わることなくそこにあり続ける、揺るぎない静寂の感覚でした。

今でも苛立つことはありますか？　もちろんあります。

疲れや葛藤を感じることは？　もちろんあります。

ただ、全ては「ありのまま」の静寂の中で感じるのです。あの深夜の覚醒以来、この静寂は全く変わっていません。だからこのことについて、私は確信しているのです。

「ありのまま」の静寂は、あらゆる難局を乗り越えさせ、真実を生きることと、正しい行いを瞬間瞬間にもたらし、揺るぎなく安定した基盤を明らかにします。そしてこの気づきが「ここ」で起こり得たのであれば、「そこ」でも起こり得ることでしょう。

なぜならそれは、あなた自身の真髄でもあるからです。

あなたの心からの願い（大願）

この、アイレスト・ヨガ・ニドラのステップ10で、どこに行くでも、何をするでもなく、ただ「ありのまま」の存在に留まっていると、あなたがアイレストという旅に出る際に掲げた願いが、再び意識に現れてくるかもしれません。その時あなたの「心からの願い（大願）」が、これまでの練習の結果、どのように変わったかを見てみましょう。

この「心からの願い（大願）」を、既に真実であると心から体験しましょう。あなたの願いが、自分のため、また他の人のためであっても、真実感を伴い瞬間に湧き上がってきます。そしてあなたの「心からの願い（大願）」はそのホームグラウンドである「ありのまま」へと戻っていくのに任せましょう。

「心からの願い（大願）」は真髄から直接やって来ます。そして最終的に真髄に戻っていきます。そして究極的には、私たちがあるがままの真実を生きる時、「心からの願い（大願）」を抱き続ける必要性も最終的に消えてなくなります。

現実世界に戻る——日々の生活の中で「真髄」を生きる

どんな方法を取るにせよ、誰しも最後は真髄に戻らなければならない。
それならば、今、この瞬間に、真髄のままでいれば良い。

——ラマナ・マハルシ

今やアイレスト・ヨガ・ニドラの山頂からの素晴らしい眺めを垣間見たので、今度は日常生活のあらゆる瞬間、あらゆる人間関係に、自分が理解したことを当てはめていきながら、練習を続けていきましょう。

アイレストは山頂まで連れて行ってくれた後、山を下り、いつもの生活に戻る案内もしてくれます。

山を登る過程で脱ぎ去り、置いてきたコーシャ（層）を、再び身にまといましょう。

アイレスト・ヨガ・ニドラの10のステップは、真髄だと誤って認識していた一つ一つの、同一化していたコーシャ（層）、身体、マインド、感覚といった上着を脱いで、そこから離れさせてくれます。アイレストは、常に真髄であり続ける、永遠で広大な「ありのまま」の存在の気づきを私たちに促してくれます。そして今、私たちは自分が何者なのかを深く理解した上で、出発点に戻るのです。

身体、マインド、感覚といった同一化のコーシャ（層）を一つずつ再び身にまといながら、コーシャ（層）を通って来た道を戻っていきますが、身体、マインド、感覚でできているこれらの着衣と、自分自身の区別がつかなくなる心配はもうありません。

一つのものの複数の側面

私たちは、既に真髄を理解しています。「私は純粋意識である。私には思考があるが、『私』はマインドだけでできているわけではない。私には感情があるが、『私』はそれらの感情だけでできているわけではない。私には身体があるが、『私』はこの身体だけでできているわけではない」ということがわかっています。身体、マインド、感覚との同一化を止めた後に残るのは、始まりもなく、常に偏在する「ありのまま」の本質です。

アイレストは、絶え間なく変化し、流れ続ける「個人的」生活（今となっては逆説的にこれが「個人的」ではないことがおわかりだと思いますが）の根本をなす、「ありのまま」の真髄を明らかにしてくれます。

人生とは究極のパラドックスであり、その中で私たちは、自分が身体、マインド、感覚からなる個人的な自己を生み出す個人的ではない「存在そのもの」である、ということを発見するわけです。

私たちは一つのものの複数の側面です。ラマナ・マハルシは、個人的な自己というものを「雲一つない夏の日の、真昼の空に浮かぶ新月のかすかなひと筋」に例えました。身体が存在し、複数の個々に分離しているように見えても、私たちが体感を伴い認識したことは、分離することのない「ありのまま」の存在が本当の自分であるということです。

悟りを得た生活

最初は少しずつですが、アイレスト・ヨガ・ニドラは、本当の自分を垣間見せてくれます。何度も垣間見ることが、「私という夢」を看破し、覚醒へと導きます。覚醒は悟りにつながり、そこに至って背景に隠れていた「ありのまま」の存在が全貌を現します。「ありのまま」の存在が前景に出ることで、人生のあらゆる側面において悟りが定着することになるのです。悟りが定着すると、アイレスト・ヨガ・ニドラの練習は、悟りを得た生き方に取って代わられていきます。

ここでは、「存在そのもの」です。練習することも、覚えることも必要ありません。探し求めることもなくなります。人生はそれがもたらす喜びや困難とともに続きながらも、どの瞬間においても「ありのまま」の静寂が輝きを放ちながら存在しています。

アイレスト・ヨガ・ニドラの最後、私たちは分離とはマインドが生み出したものに過ぎないという気づきとともに、現実世界へとしかと戻っていきます。

「ありのまま」の存在から分離した「私」も「他者」もありはしないのです。この世に存在する、いわゆる外的対象から、感覚、感情、思考のような内的対象に至るまで、全ては同じものでできているのです。この観点からすれば、何も抑圧したり拒絶したりする必要はありません。私たちは自分の身体と思考 ―― 全てのもの ―― が非概念的な「ありのまま」から作られていることを理解しています。

アイレスト・ヨガ・ニドラが明らかにする徹底的な洞察によって、世界を二つに引き裂くマインドは癒されます。ここではあらゆるものが、分割されることのないワンネスとして理解されます。

その時、全ては「迎え入れ《Welcoming》」られ、これこそがアイレスト・ヨガ・ニドラの極致です。

第三章

終わりに

アイレスト・ヨガ・ニドラの練習法は無数にあります。練習が上達してくると、アイレストをほんのわずかな時間の練習で済ませることもできれば、じっくりと一時間あるいはそれ以上かけて一つ一つ同一化のコーシャ（層）を探検し、分解していくこともできるようになります。

私のお勧めは、一つの練習法を決めて、しばらくそれを繰り返すことです。付属の瞑想のための音声を活用して、アイレスト・ヨガ・ニドラのそれぞれのステップの理解を深めていきましょう。独自の練習法を試すのはその後が良いでしょう。まずは身体を感じる方法と呼吸法を、それぞれ一つずつ選びましょう。対極の感じ方、感情、信念、イメージの組み合わせは一つか二つにします。喜びと安らぎを呼び起こす記憶も一つか二つにしましょう。自我（エゴ）の同一化を探求する方法は一つ、そして体感する真髄の特性を一つか二つ、選ぶようにしましょう。

焦らずにゆっくりと、あなた自身の理解を深めましょう。アイレストの練習は、アイレストの練習を超えて、あなたをどの瞬間においても無限の存在である非二元の「ありのまま」の存在である真髄を自覚し、生きるところまで連れて行ってくれます。

私たちは一人一人、それぞれ自分だけの旅をしています。最終目的地は同じですが、そこへ至るまでの道のりは各々のステージに応じて異なります。そのため、あなたの練習が機械的で退屈なものになってしまわないよう、必要に応じて調整しながら、注意深く、いろいろなことに気を配るようにすることが重要です。

アイレストは非常にカスタマイズしやすい練習法なので、あなたの具体的な望みに最適な方法を見つけられるでしょう。これについては、私の精神的な指導者であるジャン・クラインが、繰り返し私に言ってくれた「自分のための練習となるようにしなさい」というアドバイスに従うのが良いと思います。

身体と心は「ありのまま」の中にある

アイレスト・ヨガ・ニドラの練習を、日中に限定せずに、寝る前や真夜中に起きてしまった時、あるいは朝でも練習できるようにしましょう。

目が覚めている、夢を見ている、熟睡している状態は、一連する意識の状態です。マインドがそれらは異なる状態だと見せかけているだけです。起きている時、マインドは覚醒状態が現実だと思い込ませます。夢を見ている時、マインドは夢を見ている状態が現実だと思い込ませます。目が覚めている時、夢を見ている時のいずれも、対象物が意識の中に現れます。

私たちの考えるマインドは、目の前の動きに注意が向いてしまいがちで、同時に私たちの背景にある「目撃する存在」として常に覚醒している意識から離れてしまいがちです。アイレストは、起きていても、眠っていても、対象があってもなくても、それに惑わされたり、気を散らしたりすることなく、あなたという「存在そのもの」であり続けるよう促します。

真髄は、自らを理解するために何かを必要としません。マインドがあらゆる動きとの同一化を止めた時、私たちはあらゆる動きを超越しながら、あらゆる動きに存在する輝く「ありのまま」として真髄の入り口に立つのです。

アイレスト・ヨガ・ニドラでは、「ヨギーの眠り」を呼び起こします。それゆえ、たとえどのような意識状態であってもなくても、あなたは統合された「ありのまま」として覚醒しているのです。この気づきが悟りであり、手段、道のり、練習が融合したアイレストがたどり着く頂点です。全ての人たち、あらゆる「もの」、全てが統合された「存在そのもの」であり、あなたもまたそうであることを知りながら、日常生活の中で自由に生きましょう。

おかえりなさい。

訳者あとがき

「色即是空」「空即是色」は般若心経の一節としてよく知られています。

本書は、「色即是空」、全ては形がなく何もない、私という個人はいない、また一方で、「空即是色」、私という個人を含め全て、それそのものが無数の限りない万物として現れている、という相反するこの二つの真実に気づき、身をもって体感し、理解する機会を私に与えてくれました。本書と、本書を通じたアイレスト・ヨガ・ニドラ、そして著者リチャード・ミラー先生との出会いは、私の人生における最大の恩寵です。

アイレスト・ヨガ・ニドラの魅力は、心身の深い安らぎと健《Well-being》やかさをもたらしてくれるだけでなく、本当の自分とは何であるか、という難しい問いに対しても、自ら答えを見出すことができるようになる、シンプルで効果的なツールと教えにあふれたところにあると思います。

リチャード・ミラー先生の愛と深遠な叡智が含まれた本書は、その奥には太古の教えを濁すことなく、更に西洋の脳神経科学や精神心理学なども取り入れつつ、誰にでも日常の生活や人生で実践的に使える、今世紀最も必要な教えと役立つツールとして提供されています。

私がリチャード・ミラー先生に出会ったのは今から十四年前になります。長年にわたりヨガを実践し、そしてスピリチュアルな世界へと目覚め、非二元の教えに没入することで、トラウマと慢性のうつ病の長期にわたる苦しみを癒し、そこから脱出する方法を探していた時でした。既に私はインドへも何度も渡り、様々なヨガの先生に習い、多様な瞑想の教えも体験していました。ですからヨガ・ニドラ瞑想法は初めてではなかったのです。そんな時ふと紹介されたのが、ミラー先生の出版されたばかりの本書でした。

読んですぐに、それまでの瞑想のハウツーや、哲学的な教えのみの本とは違うことに魅せられました。付属の瞑想用の音声を何度も聴きながら練習を繰り返すうちに、身体の安らぎとともに、平和な気持ちがひっそりとやって来ました。しかしこれも今までと同じように束の間のもので、また元に戻ってがっかりするのではないかと思うと、手放しで喜べませんでした。しかし、ゆっくりと冷たい雪が溶け、雪の下の地面が少しずつ見えてくるように、うつの重たく辛い気持ち、苦しみを感じない時があることに気づき始めました。それはほんのわずかですが、しかし何年もの長い間、一度も目にすることができなかった青空を垣間見たような強烈な瞬間で、疑いようがないものでした。何かとても大切なことだから追求せよと、魂からの司令のように感じたことを覚えています。それは私の心からの熱望で、今になって思えば、私の心からの願い（大願）の出現でした。

藁にもすがる思いで、それからすぐにリチャード・ミラー先生が教えている場所がないかを探し出し、彼の教えるトレーニングやリトリートなど、あらゆる機会に教えを請うべく、何度もアメリカへ渡りました。その度に少しずつ霧が晴れ、見えなかったものが明確に識別できるようになっていきました。それとともに、本来の人間の完全性は生まれ持ったもので、人生において何があっても変わることのない、損傷することのないものであることにゆっくりと気づいていきました。そして、アイレストの瞑想を重ねるごとに、その気づきは単なる知識というよりも、全体感を通しての真の気づきと目覚めとなっていきました。

私の人生の波はこれからも止むことはないでしょう。個人的に学びは尽きませんが、真髄の完全性がこうして非二元性ゆえに、私という唯一無二の存在を通して生きているという実感と気づきを大切にして、あるがままに全てを受け止めて生きていきたいと思います。そうすることが、恩師リチャード・ミラー先生への、またアイレストの根底に流れる古の叡智への感謝の誠意を少しでも身をもって世界に示せるのではと思います。

私はアイレストを教えながら、アイレストに触れた世界中の多くの人々が私と同じように、それぞれ自分の完全性を再発見し、癒され、揺るぎない平和と安らかさを取り戻していく様子を数多く目にしてきました。それゆえ、本書が日本語で出版され、日本の方々もアイレストの教えに直接触れ、実践し、体験していただけるようになることを、心から嬉しく思い、出版に関わられた全ての方々に深く感謝いたします。

尚、本書の原書である『Yoga Nidra』は二〇〇五年にアメリカで出版されました。その後、リチャード・ミラー先生は数多くの実践、臨床研究を経て、当初の7つのステップに、本書のステップ1から3のサンカルパを中心に加筆し、現在のアイレスト・ヨガ・ニドラの10ステップに整理されました。それに基づいて、改訂版『iRest® Yoga Nidra』（英語版）が近々発行されます。そして光栄なことに、英語版の改訂版より先に、世界で最も早く本邦訳版が出版されます。

リチャード・ミラー先生の想いを大切にしながら、彼の簡潔で奥深い言葉が真に意味することを、読んで、体験してわかっていただけるように翻訳していく作業は、大変でしたが楽しくもありました。それぞれの過程が、意義ある深い瞑想と閃きの時でもあったようです。

一見平易に思える教えも、真に理解することは容易ではありません。それはまさにオープン・シークレットです。つまり、既にオープンに存在しているものの、自ら実践して体験するまではシークレットのままです。

しかし私が体験することができたように、癒しを求める道がやがて、本当の自分への探求の道へとつながり、変わることのない安らかな、平和な心と自由、健やかさ、愛そのもの、全ては本来の自分の真髄であることをこの本で学び、アイレストを実践することで読者の皆さんが再発見することを願ってやみません。それこそが私の大願だからです。


最後に、何よりもこの素晴らしい本のクラウドファンディングに多大なご支援、ご協力をいただきました多くの皆様、いつも笑顔で日本のアイレスト普及のために多大なサポートを惜しみなく提供してくださっている大きなハートのAuthentic（オーセンティック）の佐々木愛さん、出版社KuLaScip（クラシップ）の田口京子さんの素晴らしいスピリットに心から御礼を申し上げます。

二〇二〇年九月　フユコ・サワムラ・トヨタ

著者紹介

リチャード・ミラー博士 Richard Miller, Ph.D.

リチャード・ミラー博士は、十三歳の頃、地面に寝転び星空を眺めていた際に、宇宙は一つであるという真理を確信し、それ以降、非二元論について考察し続けてきた。道教や東洋医学などを勉強するかたわら、インドでヨガの研究をし、共著『The Book of Internal Exercises 内面を鍛える本（ストロベリー・ヒル・プレス社）』を上梓する他、村の診療所にてボランティアで鍼灸治療の施術を行う。

心理学学士号（１９７０）、コミュニケーション修士号（１９７５）、臨床心理学博士号（１９８７）の保持者。ローラ・カミング氏、T・K・V・デシカチャー氏、ラメッシュ・バルセカール氏、スーザン・シーガル氏など、多くの優秀な指導者から影響を受ける。幼少の頃に始まった一連の覚醒に続いて、自己分離感がスピリチュアル・メンターであるジョン・クライン氏に師事していた時に消えていった。

ミラー博士はその覚醒を、常に新鮮で、生き生きした、オープンなものとして経験している。一九七二年以来自らのオフィスを構え、そこで非二元論の真髄への覚醒に興味を持つ人々との「対話」を続けている。

ミラー博士はヨガの世界における第一人者として知られており、『ヨガ・ジャーナル』誌ではその活動を高く評価され、『アメリカン・ヨガ（バーンズ・アンド・ノーブル社）』でも特集記事に取り上げられている。

ミラー博士は、国際ヨガセラピスト協会（IAYT）の創設者の一人であり、またヨガの専門誌の編集者としての基礎を築いてきた。また『The Sacred Mirror（聖なる鏡）非二元論の英知と心理療法（パラゴンハウス社）』などの専門誌に「全てをあるがまま受け入れよ」などの多数の記事を掲載している。

現在ミラー博士は、アイレスト・ヨガ・ニドラの瞑想法を一般に広めること、非二元論についての著書を出版すること、サンスクリット語で書かれたヨガと非二元論の伝統的な教書の翻訳本を出すことに意欲的に取り組んでいる。そして何より瞑想のリトリートを主催することに熱心に取り組んでいる。彼の主催するリトリートでは、日々の生活において真髄に目覚め、体現することに集中した、クリエイティブな教えを求めて世界中から多くの人々が参加している。

リチャード・ミラー博士の連絡先　www.irest.org

訳者紹介

フユコ・サワムラ・トヨタ　Fuyuko Fawamura Toyota

アイレスト協会アジア・オセアニア代表（Director of Australasia）
アイレスト公認シニアトレーナー、瞑想リトリート教師、スーパーバイザー、メンター
国際ヨガセラピスト協会（IAYT）認定ヨガセラピスト
ヨガ・オーストラリア・シニア認定正規教師
国際ヨガ教師協会（IYTA）認定正規教師
オーストラリア瞑想協会（Association of Meditation Australia）認定瞑想教師

二〇〇六年にアイレスト・ヨガ・ニドラ瞑想に出会ってから、その生みの親であるリチャード・ミラー先生のもとでその教えを深く愛し、学び続け、トラウマによる慢性的なうつ病を克服して正規認定教師となる。現在シニアトレーナーとして世界各地でアイレスト瞑想の教師養成などに携わり、リチャード・ミラー先生とともに瞑想リトリートにて教師として教えるなど、アイレスト協会のアジア・

オセアニア代表としてその普及に活躍している。

二十四年前から続けてきた様々なヨガ哲学や非二元論などスピリチュアルな自己探求の道を経て出会った、「人生のマニュアル」のようなアイレスト・ヨガ・ニドラを通して命を救われただけでなく、「揺るぎない静寂そのものとして生きる」真我への目覚めが現実となってきている。全ての恩寵に深く感謝してやまない。だからこそ、とても簡単で優しく精神的・心理的な癒しとして、あるいは健康管理の方法として、統合的なウエルビーイングとして、自己探求として、より多くの人々とアイレスト瞑想を分かち合っていくことが、心からの願いであり使命であると確信している。

現在オーストラリア、クイーンズランド州ゴールドコースト市在住。各国各地でトレーニングやワークショップ、リトリートを行っているだけでなく、ネットを通じて個人セッションも行っている。

訳者連絡先　www.premayoga.com.au

謝辞

アン、ジェニー、ショーンに感謝します。

ナンシー・ロジャース、タミ、アリス、チャド、ナンシー、ジョー、そしてこの本をあなたの生活に取り入れる手助けをしてくれた、サウンド・トゥルー社の方全員に。そしてこの貴重な教えの真実を理解するのを助けてくれた何十年にもわたって働き、研究してきた学生、クライアント、教師に。

そしてこれらの貴重な教えを日本にもたらした、フユコ・サワムラ・トヨタさん、ブライアン、佐々木愛さん、田口京子さんに感謝します。

アイレスト・ヨガ・ニドラについて

「ミラー博士のような方々の尽力で、アイレスト・ヨガ・ニドラは、まさしくそれがそうであるように、いつか宝であると認められる日が来るでしょう。博士の著書および瞑想のための音声は、私たちを現代社会にとってかけがえのない宝であるヨガの伝統から、古代の瞑想の実践へと導いてくれるのです。アイレスト・ヨガ・ニドラを実践することで得られる素晴らしい恩恵を経験した人々の洞察力など、全てをそこに見出すことでしょう。アイレスト・ヨガ・ニドラ、それは人々を悟りへと導く、時空を超えた賢人からの贈り物なのです」

――――ロッド・ストライカー（ROD STRYKER）

パラ・ヨガ（PARA YOGA）の創始者、『偉大な世界へ入るためのリラックス法（RELAX INTO GREATNESS）』の著者

「深いリラクゼーション、ストレス解消、スピリチュアルな変容など、何を目指すにしても、ヨガの指導者、非二元論『ノンデュアリズム（ｎｏｎｄｕａｌｉｓｍ）』の心理療法士であるリチャード・ミラー博士であれば安心して任せられます。アイレスト・ヨガ・ニドラによる古代から確立されている実践の、賢明にして、思いやりのある、わかりやすい教えはあなたの全ての生活の中に導いてくれるパワーを持っています」

――――ステファン・ボディアン（STEPHAN BODIAN）

『超初心者向けの瞑想法、超初心者向けの仏教（MEDITATION FOR DUMMIES AND BUDDHISM FOR DUMMIES）』の著者、『ヨガジャーナル（YOGA JOURNAL）』の元編集主幹

「本書でリチャードは、アイレスト・ヨガ・ニドラの実践方法について、西洋の実践者も知り得な

かった知識と効力を織り交ぜながら紹介しています。アイレストは、彼の非二元論をあらゆる手段で教えることを可能にする究極のツールです。彼のプラクティスは、シンプルながらも深遠かつ斬新であり、実に興味深いものです。真のスピリチュアルワークが全てそうであるように、アイレストのプラクティスも開始直後から成果が現れます。アイレストは、必要なのは存在だけという前提に基づいて、非二元的プラクティスの過程と目標を示してくれます」

――スティーブン・コープ（STEPHEN COPE）
『ヨガ、そして真の自己への探求（YOGA AND THE QUEST FOR THE TRUE SELF）』および『ヨガの叡智（THE WISDOM OF YOGA）』の著者

「リチャード・ミラー博士は、この上なく最高の師です。彼はアイレスト・ヨガ・ニドラで、彼自身の経験を基に、本質に至るための明確な筋道を簡潔に示してくれます。スピリチュアルな道を歩む指導者と学習者には、ぜひお勧めしたい一冊です」

――ラリー・ペイン博士（LARRY PAYNE, Ph.D.）
ヨガセラピーＲＸの創立者、『サルでも分かるヨガ（YOGA FOR DUMMIES）』および『ヨガＲＸ（YOGA RX）』の共著者

「アイレスト・ヨガ・ニドラに関するリチャード・ミラーの著書は、最古のプラクティスであるヨガを私たちが理解する上での大いなる助けとなります。新しい書籍が次々と出版され、その多くは無味乾燥なものである中で、本書は初心者・指導者を問わず、全てのヨガ実践者が持つ価値があります。リチャードの生徒や同僚は、彼が喜びに満ちた心の持ち主であることをよく知っています。そんな彼の温かな存在感が、ページをめくる度に心に響くことでしょう」

——ドナ・ファーリ（DONNA FARHI）
『ヨガの心・身体・精神（YOGA MIND, BODY & SPIRIT）』および『ヨガを生活に生かす（BRINGING YOGA TO LIFE）』の著者

「リチャード・ミラーは、精神的な伝統文化を例示しながらあらゆる手法を用いて、読者をアイレスト・ヨガ・ニドラという最強のプラクティスにわかりやすい言葉で導きます。彼のガイダンスは思慮に満ちており、明快でインスピレーションに富んでいます。この本は、悟りを求めたいと思う人や、悟りへの内なる願望を感じている人には必須です」

——リリアス・フォーラン（LILIAS FOLAN）
『リリアス！ ヨガは年齢とともに進化する（LILIAS! YOGA GETSBETTER WITH AGE）』の著者

「この本のページをめくる度に、私の心は感謝で満たされました。それは、この本の深い教えに対する感謝、そしてリチャードが私たちを最も私的な旅 ―― 自分自身に立ち還る旅 ―― に穏やかにわかりやすく導いてくれることへの感謝です。これはゆっくり読んで、心の深くに取り込みたい本です」

――ジュディス・ハンソン・ラサター博士（JUDITH HANSON LASATER, Ph,D.）
『ヨガボディ：アナトミー、キネシオロジー、アーサナ（YOGABODY: ANATOMY, KINESIOLOGY, AND ASANA）』の著者

「あなたのゴールが心の安らぎであれ、悟りの極意であれ、あなたの旅はこの本から始まります。リチャード・ミラーは、今現在の気分、身体の苦痛、心の自己抑制的な信念などの影響下で、自分は一体何者かという『途方もない答え』を発見していく旅へと導いてくれます（この旅は、今後の人生において日常的に実行できるものです）」

――エイミー・ワイントローブ（AMY WEINTRAUB）
『憂鬱な人のためのヨガ（YOGA FOR DEPRESSION）』の著者

iRest® Yoga Nidra / Worksheet

アイレスト・ヨガ・ニドラ

ワークシート

アイレスト・ヨガ・ニドラの練習を、自分用にカスタマイズするために、ワークシートをコピーするか、出版社KuLaScip（クラシップ）のホームページよりダウンロード（PDF）し、ご使用ください。

慣れるまでは、練習をする前に、ワークシートに記述して練習をすることをお勧めします。

ステップ 1

「目的・意図」を設定する

アイレスト・ヨガ・ニドラを行う目的を記述しましょう。

あなたの心からの願い（大願）を実現する手助けとなるステップは何でしょうか。今取り組むべきことは何ですか。

あなたの「目的・意図」が自分自身との具体的な誓約・確約・取り決めとなるように、具体的な言葉で、現在形で、実行を可能にする動詞で書き出してみましょう。

ステップ 2

心からの願い（大願）を宣言する

あなたの人生において最も望むものは何ですか?

最も大切なことは何ですか?

自分の人生に価値、目的、意味をもたらすものは何ですか?

「心からの願い（大願）」を深く体感するような言葉、あなたの人生を言い表す心に響く言葉を書き出してみましょう。

その際、例えば、「治りますように」といった未来形ではなく、「今、そして常に、私は完全で、癒されていて、健康です」といった、現在形でポジティブな表現にしましょう。心の願いは1つ以上でも構いません。

ステップ 3

インナーリソースを体感する

安心感、平穏な心、安らぎ、静寂、健やかさを、どのように身体の中で感じるかを書き出してみましょう。

ステップ 4

身体のコーシャ（層）

annamaya kosha ／アンナマヤ・コーシャ

あなたの身体の感覚に注意を向け、今、身体が感じている感覚に気づき、身体のどの部分で、どのように感じるかを観察しましょう。そしてあなたの身体に備わった、生来の内なる輝きを取り戻しましょう。

ステップ 5

呼吸とエネルギーのコーシャ（層）

prāṇamaya kosha ／プラーナマヤ・コーシャ

自分の呼吸に注意を向け、呼吸を観察し、肉体を生かしているエネルギーのコーシャ（層）を探求しましょう。

ステップ 6

感覚と感情のコーシャ（層）

manomaya kosha／マノーマヤ・コーシャ

A. 感覚

自分が練習してみたい感覚を2つと、その対極とともに選び、それらを身体のどこでどのように感じるかを探求しましょう。

例：「軽い」と「重い」、「暖かい」と「涼しい」など。

感覚 ________　対極（の感覚）________

感覚 ________　対極 ________

B. 感情

感情を2つ、その対極とともに選び、それらを身体のどこでどのように感じるかを探求しましょう。

例：「悲しい」と「嬉しい」、「怒り」と「穏やかさ」など。

感情 ________　対極（の感情）________

感情 ________　対極 ________

ステップ 7

思考と認識のコーシャ（層）

vijñānamaya kosha／ヴィグナーナマヤ・コーシャ

あなたの頭に浮かぶ思考、信念、イメージに気づき、注意を向け、それらを身体のどこでどのように感じるかを探求しましょう。

A. 信念

例：「私は強い人間だ」と「私は弱い人間だ」など。

信念 ________________　対局 ________________

信念 ________________　対極 ________________

B. イメージ

くつろぎとリラックスをもたらすイメージを2つ、その対極とともに選びます。

例：「美しい山」と「噴火する火山」、「陽だまりの中」と「瓦礫の中」など。

イメージ ________________　対極 ________________

イメージ ________________　対極 ________________

C. 本質

本質を2つ、その対極のものとともに選びます。

例：「真実」と「偽り」、「謙虚」と「傲慢」、「愛情」と「嫌悪」など。

本質 ________________　対極 ________________

本質 ________________　対極 ________________

ステップ 8

歓喜のコーシャ（層）

ānandamaya kosha／アーナンダマヤ・コーシャ

嬉しい、楽しい、幸福感、心地良さ、健やかさを体験した記憶を思い出し、身体とマインドで実践するために書き出してみましょう。

ステップ 9

自我（エゴ）と目撃者のコーシャ（層）

asmitāmaya kosha／アスミタマヤ・コーシャ

自我（エゴ）の領域を探求する練習の中から1つを選びましょう。自我（エゴ）、目撃者、そして純粋意識を探索するための4つ（A～D）の練習あります。1回の練習ごとに1つ選び、探求してみてください。

A. 真我に戻る

以下の言葉の現実について探求します。

「私には身体があるが、私はこの身体だけの存在ではない。私の身体は健康、病気、安らぎ、疲れ、静寂、動揺などの様々な感覚を現す。けれど、こうした状態は変化する。私は不変の意識であり、その中でこれらの変化する感覚が起こる。私は自分の身体を尊重するが、私はこの身体だけではない」

「私には感情があるが、私はこれらの感情だけの存在ではない。私の感情は愛情から怒り、静寂から動揺、喜びから悲しみまで様々な状態を現す。けれども、こうした状態は変化する。私は不変の意識であり、その中でこれらの変化する感情が起こる。私は自分の感情を尊重するが、私はこれらの感情だけではない」

「私にはマインドがあるが、私は自分のマインドだけの存在ではない。私のマインドは変化し続ける様々な思考やイメージを現す。私は不変の意識であり、その中でこれらの思考やイメージが起こる。私は自分のマインドを尊重するが、私は自分のマインドだけではない」

「私は自分の身体、感覚、マインド、そして世界を構成しているあらゆる変化する感覚、認識、感情、思考、物体に気づいている。私は不変の意識であり、その中でこれら全ての動きが起こる。私は純粋不変の意識である」

「私には身体があるが、私は自分の身体だけではない。私には感情があるが、私は自分の感情だけではない。私にはマインドがあるが、私は自分のマインドだけではない。それでは、私は何なのか？　身体、感覚、感じ方、思考との同一化を止めた後には何が残るのか？　私は純粋意識の中心である」

B. 気づいているのは誰？

身体

2、3分かけて自分の身体を観察します。自分の身体を詳しく探っていきながら「今、どのような様々な感覚があるだろう？」「気づいているのは誰？」と、優しく問いかけます。

感情

自分の感情の状態について問いかけます。「自分は今、何を感じているだろうか？」　あるいは今日、今週起こったことにまつわる感覚を思い出します。そして「気づいているのは誰？　これらの感情に気づいているのは誰？」と、優しく問いかけます。

思考

自分が考えていることに注意を向けます。そして「気づいているのは誰? これらの思考や考えに気づいているのは誰?」と、優しく問いかけます。

感覚

様々な匂い、味、音、感覚、イメージに注意を向けます。そして「気づいているのは誰? これらの認識に気づいているのは誰?」と、優しく問いかけます。

C. 自己同一化(Self-Identification)

自己批判をせずに、調査を行っている科学者のような客観的な態度で、以下に従って観察しましょう。

身体感覚に注意を向けます。

観察しているものを変化させようとしたり、否定したりはしません。「これらの感覚に気づいているのは誰?」と問いかけ、感じます。

呼吸に注意を向けます。

「この呼吸に気づいているのは誰?」と問いかけ、感じます。

ポジティブ、ネガティブ両方の感覚に注意を向けます。

「これらの感覚に気づいているのは誰?」と問いかけ、感じます。

自分の人生にモチベーションを与える願望に意識を向けます。

「これらの願望に気づいているのは誰?」と問いかけ、感じます。

思考を観察します。

思考が浮かぶ様子を目撃します。それがまた別の思考に取って代わり、その思考がまた別の思考となり……という連鎖を追いかけます。思考が何も浮かばないと思ったら、それもまた思考であることに気づくようにします。「これらの思考に気づいているのは誰?」と問いかけ、感じます。

感覚、感情、願望、思考を観察している目撃者を観察します。

「この目撃者を観察しているのは誰?」と問いかけ、感じます。

どの問いに対する答えも「私だ」ということに気づき、体感します。

「私」は物質ではなく、思考ですらないことを感じます。「私」は、本来の「ありのまま」の本質を指し示す指針であり、「ありのまま」の中でこれら全ては立ち現れては、過ぎ去っていきます。「私」は形あるものではなく、思考でもないことを実感できるでしょうか。「私」は「ありのまま」の本質を示す指針であり、「ありのまま」の中で全ては現れては去っていきます。しかし、「ありのまま」はそれらの現れては過ぎ去っていく全てのものと明確に異なり、広大かつ空であると同時に、満ちた無制限の存在として普遍であり続けます。

内側に注意を向け、この真実を体感しましょう。「私は純粋で広大な『ありのまま』としてあり、空でありながら満ちている。場所に制限されることなく存在している。中心も周辺もなく、あまねく全てに存在している」

D.「私……」(I am……)

・意識の中にある対象物を感じます（感覚、感情、思考、イメージなど）。
・注意を向けます。
・優しく、そして身体で感じながら「この対象物に気づいているのは誰?」と、問いかけます。
・「私だ」、という答えを体感します。
・「私だ」、が自分の身体のどこにあるかを感じます。
・頭からハートへ降りていく、その感覚を追いかけます。
・「私だ」、の響きをハートで感じます。
・次に「私だ」の「だ」を手放します。消え去るがままにします。
・「私……私……」だけを感じ、それが身体のどこに現れるかを感じます。
・次に「私」という思考を手放します。
・「私」という思考が生まれる前の、「ありのまま」と1つになります。
・目撃者が「ありのまま」に溶け込むのを観察します。
・空間意識の感覚を、全方向へ同時に拡張させます。
・「私」という思考が生まれる前の、「ありのまま」でいます。
・目撃者が現れる前の、「ありのまま」でいます。
・中心も周辺の境もない、「ありのまま」でいます。
・マインドが現れて変えてしまう前、最中、後も、「ありのまま」でいます。

対極の感じ方、感情、思考、イメージ、本質を学ぶためのワークシート

以下は対極の例をあげたリストです。自分の独自のものを使ってもよいですし、次のリストから対極の組み合わせを選んで、あなたのためのアイレスト・ヨガ・ニドラの練習として、練習のたびに活用してください。

練習の際、選択した一方をしっかりと体感した後に、その対極を招き入れて、同様にしっかりと体感します。対極するそれぞれの体験を何度か行き来した後、対極する2つの体感を同時に感じます。正解も不正解もありません。身体を通して経験することが大切ですから、それらについて考えずに、興味を持って体感、経験してみましょう。

ステップ 6

感覚と感情のコーシャ（層）

manomaya kosha／マノーマヤ・コーシャ

A. 感覚

目が覚めている／眠い
落ち着いている／不安
集中／散漫
心地良い／不快
深い／浅い
乾燥／湿っている
鈍い／鋭い
拡張／収縮
浮いている／沈んでいる
熱い／冷たい
軽い／重い
強い／弱い
リラックス／緊張
過敏／麻痺
広大／狭い
暖かい／涼しい

B. 感情

能動的／受動的
賞賛／非難
効力感／無力感
有力／無力
沈着／興奮
自信／恐れ
協力的／競争的
乗り気／嫌気
傲慢／謙虚
親切／冷淡
勇気／恐怖
尊敬／軽蔑
信頼／疑い
平然／心配
率直／内気
活気／疲労
楽しい／苦しい
愛情深い／攻撃的
確信／当惑
荒々しい／穏やか
落ち着き／動揺
興味／無関心
堅実／放縦
安心／不安
満足／不満
安定／不安定
敏感／鈍感
柔軟／頑固
寛大／狭量
感謝／恩知らず
嬉しい／悲しい
世話焼き／放任
潔白／やましさ
熱中／退屈

ステップ 7

思考と認識のコーシャ（層）

vijñānamaya kosha／ヴィグナーナマヤ・コーシャ

A. イメージ

どのイメージも、感覚や感情、想像力をあらゆる面で呼び覚ますようなものにしましょう。

信頼できる友達のグループ
飛び交う鳥
燃えるろうそく
眠る猫
地中へと続く洞窟
棺
十字架
暗い空
トンネル
死体
死にゆく人
終わりなき砂漠
虚弱な老人
虚弱な老女
疾走する馬
人骨
大海
宇宙
ナイフ
裸体
戦時下の人々
怒鳴る人々
微笑む仏
日が昇る空
日が沈む空
土砂降り
砂浜に打ち寄せる波
地面の下へと伸びる井戸
空に漂う雲
年老いた賢者
年老いた賢女
瞑想するヨギー

B. イメージ（元型的なイメージ：本文P111参照）

トンネルの中を移動する
ヨガアーサナの練習をする
川を下る
入り江を降りていく
深海へと潜る
未来を旅する
過去を旅する
山に登る
空へ上昇する
海沿いを歩く
砂漠を歩く

C.「存在」の本質

以下にあげた「存在」の本質を体感します。本質ごとに感じ方、感情、思考、イメージ、記憶などが喚起されるのに任せます。見る、聞く、味わう、匂う、触る、考えるといった全ての知覚の経路を使って体験するようにします。

真性
目覚め
気づき
あり方
思いやり
創造的
共感
空っぽ
拡張的
いっぱい

知性
親密
喜び
愛情
安らか
力強さ
現在
広大
歓迎

リファレンス（参考文献）

- Barks, Coleman, and John Moyne. Unseen Rain. Putney, VT: Threshold Books, 1984.
- Bly, Robert. The Kabir Book. Boston: Beacon Press, 1971. Feuerstein, Georg. Encyclopedic Dictionary of Yoga. St. Paul, MN:Paragon House, 1990.
- Franck, Frederick. The Book of Angelus Silesius. Santa Fe, NM: Bear and Co., 1985.
- Gazzaniga, Michael. The Mind's Past. Berkeley, CA: University of California Press, 1998.
- Jenny, Hans. Cymatics, 2 vols. Basel, Germany: Basilius Press, Germany, 1972.
- Klein, Jean. Transmission of the Flame. Santa Barbara, CA: Third Millennium Publications, 1990.
- Klein, Jean. I Am. Santa Barbara, CA: Third Millennium Publica tions, 1989.
- Klein, Jean. Who Am I? Santa Barbara, CA: Third Millennium Publications, 1988.
- Klein, Jean. The Ease of Being. Santa Barbara, CA: Third Millen nium Publications, 1984.
- Kornfield, Jack. After the Ecstasy, the Laundry. New York: Bantam, 2000.
- Kohn, Sherab Chodzin. The Awakened One: A Life of the Buddha.Boston: Shambhala, 1994.
- Liberman, Jacob. Light Medicine of the Future. Santa Fe, NM: Bear and Company, 1990.
- Libet, Benjamin. Mind Time: The Temporal Factor in Conscious ness. Cambridge, MA: Harvard University Press, 2004.
- Maharshi, Ramana. The Spiritual Teachings of Ramana Maharshi.
- Boston: Shambhala, 1988.
- Miller, Richard C. iRest Meditation: Restorative Practices for Health, Resiliency, and Well-Being. Sounds True. 2015.
- Miller, Richard C. The iRest Program for Healing PTSD: A Proven-Effective Approach to Using Yoga Nidra Meditation and Deep Relaxation Techniques to Overcome Trauma. New Harbinger Publications. 2015.
- Miller, Richard C. iRest At Ease. iRest Institute. 2011.
- Miller, Richard C. Resting in Stillness. iRest Institute. 2011.
- Miller, Richard C. Infinite Awakening: The Principles and Practice of iRest Yoga Nidra. Anahata Press, 2001.
- Mishra, Rammurti S. Fundamentals of Yoga: A Handbook of Theory, Practice, and Application. New York: Julian Press, 1979.
- Mishra, Rammurti S. Yoga Sutras: The Textbook of Yoga Psychology. New York: Anchor

Press, 1973.

- Niranjanananda, Swami. Prana, Pranayama, Prana Vidya. India: Yoga Publications Trust, 1994.
- Rama, Swami. Exercise without Movement. Honesdale, PA: Himala yan Institute, 1984.
- Rama, Swami. Joints and Glands Exercises. Honesdale, PA: Himala yan Institute, 1982.
- Reps, Paul, and Nyogen Senzaki. Zen Flesh, Zen Bones. Boston: Tuttle Publishing, 1985.
- Satyananda, Swami. iRest Yoga Nidra. India: Yoga Publications Trust, 1976.
- Satyananda, Swami. Meditation from the Tantras. India: Yoga Publications Trust, 1974.
- Venkatesananda, Swami. Enlightened Living: A New Interpretative Translation of the Yoga Sutra of Maharshi Patañjali. Sebastopol, CA: Anahata Press, 1999.
- Weber, Gary. You Don't Exist, You Are Everything: Yoga, Zen, and Advaita Vedanta for Nondual Awakening. 2005, nittanydharma. org/nondual.
- Wei Wu Wei. Open Secret. Hong Kong: Hong Kong University Press, 1982.
- Readings Particular to Nondual Kashmir Shaivism
- Hughes, John. Self Realization in Kashmir Shaivism. Albany, NY: SUNY Press, 1994.
- Odier, Daniel. Desire: The Tantric Path to Awakening. Rochester, VT: Inner Traditions, 2001.
- Singh, Jaideva. Pratyabhijñahrdayam: The Secret of Self-Recognition. New Delhi, India: Banarsidass, 1998.
- Singh, Jaideva. Siva Sutras: The Yoga of Supreme Identity. New Delhi, India: Banarsidass, 1998.
- Singh, Jaideva. Spanda-Karikas: The Divine Creative Pulsation. New Delhi, India: Banarsidass, 1994.
- Singh, Jaideva. Vijñanabhairav: The Yoga of Delight, Wonder, and Astonishment. New Delhi, India: Banarsidass, 1979.

訳注

207 (16) 1 ユージン.T.ジェンドリンの体験過程理論における概念。漠然と身体で感じる、まだ言葉やイメージになる前の意味のある感覚をいう。

2 人格の内面にあって表面に現れない人格、副人格。

3 元型イメージは、無意識を呼び起こすきっかけとなる象徴的イメージやシンボルのことをいう。無意識は、条件付け表象または集合的表象の形で、様々なイメージやシンボルを象徴的に貯蔵する。元型イメージは、アーキタイプとも呼ばれ、世界中を通して文化や宗教に関係なく、誰にでも意味が伝わるイメージやシンボルで表され、無意識からとても深い反応を呼び起こす。例えば、マントラ、曼荼羅図など。

4 ユージン・ジェンドリン（Eugene T. Gendlin　1926-2017）。アメリカの哲学者・臨床心理学者で、体験過程（Experiencing）理論を提唱し、フォーカシング（Focusing）を創始した。

5 身体の領域ごとにそのエリアからくる感覚の入力の量または重要性に応じて脳でどのくらいの表面積を占めているのかを示した図。例えば、手の感覚に対しては脳皮質の大きい面積が割り当てられているのに対して、背中はずっと小さい面積しかない。

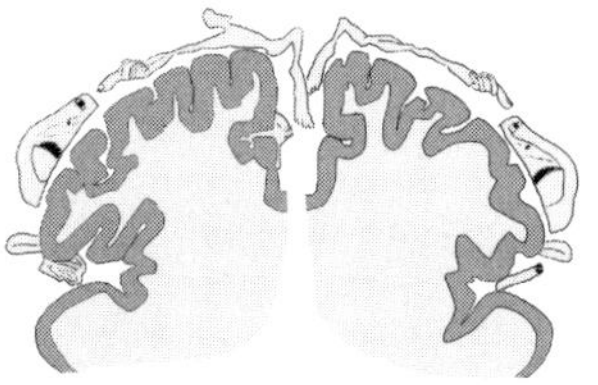

（Rasmussen and Penfield, 1947より改変）

原注

1 バガヴァット・ギータ、2章61〜66節。著者の翻訳による。

2 ウェイ・ウー・ウェイ、Open Secret（香港：香港大学、1982年）。

3 これらは、天啓の書であるシバ・スートラに記されているTrika-Shasana,Mahanirvanaなどのタントラ文献、Mandukya,Taittiriya Upanisads,Tripura Rahasyaなどのヴェーダンタ文献などに見られる非二元の教え、更にはプラティヤハーラ（「人間の自然な機能に対する感覚を取り戻すこと」を意味するサンスクリット語）に重きを置くYogataravaliやパタンジャリのヨガスートラに見られるヨガの教えを含みます。心には、心の投影を心そのものと同一視する傾向がありますが、これらの教えによって心はその傾向から脱却し、統合的な「ありのまま」としての本質に目覚めるのです。

4 各著者の作品については、参考文献を参照。

5 特に、ローラ・カミングス、J.クリシュナムルティ、ジョエル・クラマー、ダ・フリー・ジョン、スワミ・ブア、B. K. S.アイアンガー、T. K. V.デシカチャー、ダダ、ニサルガダッタ・マハラジ、ラメッシ・バルセカール、ラマナ・マハルシ、そして私のスピリチュアルの師であるジャン・クラインには、深い謝辞と感謝の意を表します。

6 パタンジャリのヨガスートラではnirodhaという言葉を用いて、本質を「純粋存在」あるいは「静寂」と表現します。つまり、私たちは常に「存在する」ものであり（そのことを認識しているか否かに関わらず）、それが“Yogash Citta Vritti Nirodhah”（ヨガは、意識の作用の有無に関係なく、常に存在する「静寂」または「純粋存在」としての本質に気づいたときに実現する（ヨガ・スートラ1章2節、著者訳）です。

7 量子力学の祖であるヴェルナー・ハイゼンベルクは、不確定性原理に関する論文（1927年）で、「物体の位置が明らかになればなるほど、その運動量は未知になっていき、その逆もまた真である」と述べています。彼は、ヨガ・ニドラが何世紀にもわたって明言してきたこと、つまり「『観るもの』である我々は、我々が『観られるもの』と別個のものではない」ことを明らかにしたのです。「観るもの」と「観られるもの」は、二つの異なったものではなく、一つの存在です。物質的宇宙として現れているように見えるものは、実は空っぽの空間なのです。

8 理解を更に深めたい時は、マイケル・ガザニガのThe Mind's Past（カリフォルニア州バークレー：カリフォルニア大学出版局、1998年）をお読みください。

9 著者とアリシア・ハイアムとの私信より。彼女の許可を得て引用。

10 ガザニガ、The Mind's Past、71。

11 パタンジャリのヨガスートラ、2章17節。

12 ジャイデバ・シン、Spanda-Karikas: The Divine Creative Pulsation（ニューデリー：Motilal Banarsidass、1994年）を参照。

13 スワミ・ヴェーダ・バーラティ（bindu.org/svbresearchpage1.html; Swami Rama)、Exercise without Movement（ペンシルベニア州ホーンズデール：Himalayan Institute Press、1984年）およびスワミ・サッティヤーナンダ・サラスヴァティー、ヨガ・ニドラ（ビハール、Yoga Publications Trust、1976年）を参照。

14 Prana（サンスクリット語）は、直訳すると「全ての現象の根底にある揺動を吐き出すこと」の意味。ゲオルグ・フォイヤーシュタイン、Encyclopedic Dictionary of Yoga（ミネソタ州セントポール：Paragon House、1990年）を参照。

15 サンスクリット語。man- =「考える」、tra-=「手段」（フォイヤーシュタイン、Encyclopedic Dictionary)。マントラは、思考を超越して分離という幻想を癒すのに用いられる「音の道具」です。

16 全てが「一である」ことを明確に認識すると、「二つである」という正反対の概念も同時に派生します。しかし「二つではない」ならば、そこには正反対のものはありません。それこそが、私たちの根本本質を直接指し示すものです。

17 ハンス・クリスチャン・アンダーセン（broadviewpress.com/tales/emperorsclothes.htm)、Emperor's New Clothes。

18 フレデリック・フランク、The Book of Angelus Silesius（Santa Fe, NM: Bear and Co., 1985)。フレデリック・フランク（© 1976 Frederick Franck)、ならびにランダムハウス社系列のAlfred A. Knopfの許可を得て引用。

アイレスト・ヨガ・ニドラを更に学びたい方に

この本でご紹介している内容は、アイレスト・ヨガ・ニドラの学び全体からみると、ほんの一部に過ぎません。

アイレスト協会（iRest® Institute）では、初心者から上級者まで、様々な方を対象にした、入門講座、ワークショップ、リトリート、講師養成コースや講師認定プログラムなどを世界中で提供しています。

協会のウェブサイトでは、上記の開催情報に加え、アイレスト・ヨガ・ニドラについての資料や音声、動画なども提供しています。

「アイレスト・ヨガ・ニドラについてもっと学びたい」「練習に関して相談できる講師を見つけたい」「ワークショップに参加したい」という方はぜひ下記サイトをご覧ください。

https://www.irest.org

info@irest.org

瞑想のための音声、ワークシートのダウンロードの仕方

瞑想のための音声（MP3形式ファイル）と、アイレスト・ヨガ・ニドラ・ワークシート（pdfファイル）は、出版社KuLaScip（クラシップ）のホームページからダウンロードすることができます。

①KuLaScip（クラシップ）のホームページにアクセスします。
https://kulascip.co.jp

②ホームページトップの下にある「音声ダウンロード」をクリックすると、ダウンロードページが表示されます。

③ダウンロードページより、瞑想のための音声、ワークシートをダウンロードしてください。

※ダウンロードには下記パスワードが必要です。

パスワード：irest

＊音声ダウンロードはパソコンでのみ行うことができます。
＊本サービスは予告なく終了することがあります。あらかじめご了承ください。

iRest®
Yoga Nidra

深いリラクゼーションと癒しのための瞑想の実践

2020年9月7日　初版第1刷発行
2021年11月11日　第2刷発行

著者　リチャード・ミラー
翻訳　フユコ・サワムラ・トヨタ

ブックデザイン　新井大輔
イラストレーション　水野 悦（Studio Cue inc.）
校正　ペーパーハウス
印刷・製本　株式会社シナノ
発行者　田口京子
発行所　株式会社KuLaScip《クラシップ》
154-0024　東京都世田谷区三軒茶屋1-6-4
URL　https://kulascip.co.jp
Email　info@kulascip.co.jp

本書に関するお問い合わせ、ご連絡は、
株式会社KuLaScip（クラシップ）までお願いいたします。

乱丁本・落丁本はご面倒ですが小社までお送り下さい。
送料小社負担にてお取り替えいたします。

ISBN978-4-9910148-2-6　Printed in Japan 2020

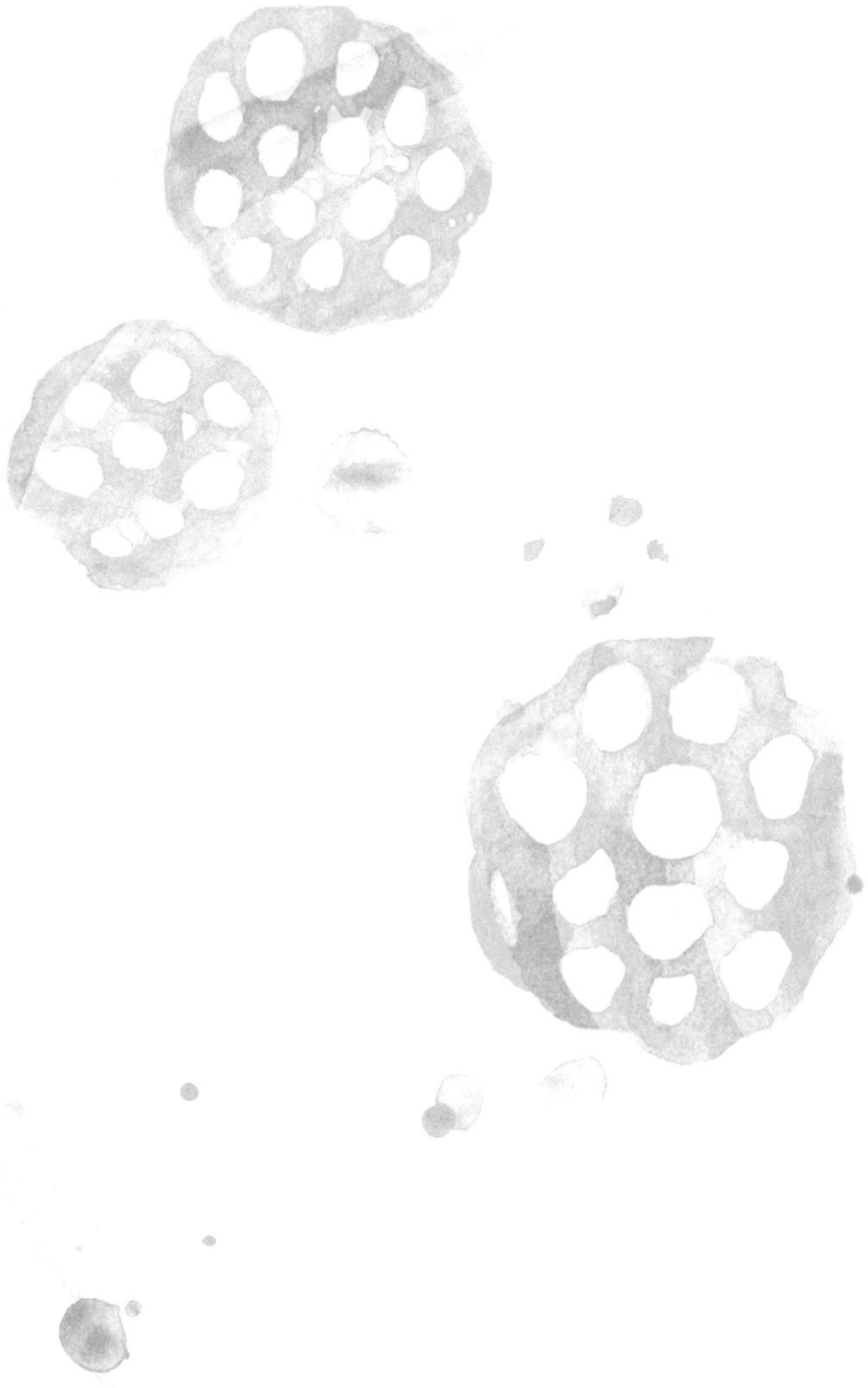